문화가
보인다
세상이
보인다

톡톡 이슬람

톡톡
이슬람

2010년 12월 15일 처음 펴냄
2018년 3월 15일 6쇄 찍음

지은이 | 이희수
펴낸이 | 신명철
펴낸곳 | (주)우리교육 검둥소
등록 | 제 313-2001-52호
주소 | 03993 서울특별시 마포구 월드컵북로 6길 46
전화 | 02-3142-6770
팩스 | 02-3142-6772
홈페이지 | www.uriedu.co.kr

ⓒ 이희수 2010
ISBN 978-89-8040-353-0 43300

이 도서의 국립중앙도서관 출판시도서목록(CIP)은 e-CIP 홈페이지(http://www.nl.go.kr/cip.ph)
에서 이용하실 수 있습니다. (CIP 제어번호 CIP2010004491)

문화가
보인다
세상이
보인다

톡톡
이슬람

이희수 지음

이슬람 문화 탐사를 떠나며

– 새로운 세상으로의 초대 –

민지와 교수님이 이슬람 문화 탐사를 떠납니다. 새로운 세상을 향해 가는 설렘과 호기심이 무척 큽니다. 우리가 잘 몰랐던 사실을 제대로 알고 부정적이고 편견이 가득한 생각을 바꾸는 좋은 기회가 될 것 같습니다.

이슬람 세계가 무시해도 좋은 그런 곳인가요? 인구가 15억 명에 달하고 유엔 회원국인 이슬람 국가만 57개국이라고 합니다. 거의 지구촌 4분의 1에 가까운 문화권입니다. 유럽에도 무슬림이 3천만 명 이상 살고, 미국에도 8백만 명이 시민으로 살아가고 있습니다. 물론 풍부한 석유와 천연가스 자원, 그로 인한 막대한 오일달러로 21세기 지구촌의 관심을 받는 곳이지만, 그보다도 인류 고대 문명의 발상지이고 인류 3대 유일신 종교가 생겨난 인류의 고향 같은 곳입니다.

그럼에도 우리는 이슬람 세계를 신문과 텔레비전에서 매일같이 전해 주는 자살 폭탄 테러와 전쟁 같은 끔찍한 일이 벌어지는 곳으로만 이해하고 있습니다. 그래서 여러분과 함께 꼭 현장을 가고 싶었습니다. 미국이나 유럽 국가들이 자신들의 이익을 위해 만들어 낸 정보나 뉴스가 아닌, 실제로 그 사람들이 살아가고 있는 그대로의 모습을 알고 싶었기 때문입니다.

그렇습니다. 우리는 사우디아라비아를 출발하여 북아프리카의 모로코와 아랍의 맏형 격인 이집트를 거쳐, 페르시아 문명을 일군 시아파 이슬람 국가 이란, 검은 아프리카 대륙의 이슬람 국가 탄자니아, 우리와도 가까운 형제국 터키, 21세기 새로운 아랍 이미지를 만들어 가는 아랍에미리트, 중앙아시아의 오랜 역사를 가진 국가 우즈베키스탄, 세계 최대의 이슬람 국가인 동남아시아의 인도네시아, 그리고 마지막으로 한국의 무슬림들을 만나 보면서 다양한 그들의 목소리를 듣고 그들의 일상을 경험함으로써 그 문화와 생활을 이해할 것입니다.

우리는 이슬람 세계와 그들의 삶을 신앙이 아닌 문화로 바라볼 것입니다. 종교적 신앙으로 다른 세상을 보면 자신의 신념만이 진리이고 선인 반면 다른 종교적 가치와 가르침은 악이고 허위라는 이분법적인 갈등이 생기게 됩니다. 나와 다른 세상 사람들이나 문화들이 모두 악마처럼 보이면 큰일이잖아요?

그래서 우리는 이슬람 세계와 무슬림들을 우리와 함께 살아가는 지구촌 이웃으로 바라볼 것입니다. 나의 가치와 신앙이 중요한 만큼 그들의 믿음과 가르침에도 최소한 예의와 존중을 보낼 것입니다. 이것이 다문화 사회를 살아가는 우리의 가장 기본적인 자세라고 학교에서 배웠기 때문입니다.

낯설고 쉽게 받아들이기 어려운 부분들도 있겠지만, 문화는 선악이나 우열이 있는 것이 아니라, 다만 같고 다름만 있다는 평범한 진리를 되새기며 바라보십시오. 다만 인류의 보편적 가치 질서를 뒤엎는 가르침에 대해서는 따가운 비판도 아끼지 마십시오. 그러면서 여러분들이 잘못된 편견과 고정관념만 버린다면 이슬람 세계는 여러분을 두 손과 가슴을 열고 환영해 줄 것입니다.

부디 빈틈없이 꽉 짜인 세상을 향해 숨 쉴 틈 없는 과잉 경쟁에 시달릴 것이 아니라, 아무도 찾지 않지만 너무나도 소중하고 가치 있는 새로운 세상을 개척해 가는 선구자가 될 꿈을 갖기를 진심으로 바랍니다. 이제 이슬람 문화 탐사를 끝내면 여러분은 우리나라 최고의 이슬람 전문가가 될 것입니다. 미리 미래의 길을 남보다 앞서 걸어가는 여러분에게 뜨거운 축하를 보냅니다.

2010년 11월
한양대학교 문화인류학과
이희수

차례

01 석유, 밀, 이슬람의 나라 사우디아라비아 _ 10

02 사하라사막에 꽃핀 북아프리카의 이슬람 모로코 _ 30

03 찬란한 고대 문명과 이슬람 문화의 만남 이집트 _ 48

04 페르시아제국 중심지, 시아파 이슬람 사회 이란 _ 70

05 아프리카 전통과 이슬람의 만남 탄자니아 _ 88

06 유럽과 아시아를 잇는 새로운 이슬람 터키 _ 112

07 사막에 첨단 도시를 세운 21세기 아랍 국가 아랍에미리트 _ 142

08 중앙아시아 실크로드의 이슬람 우즈베키스탄 _ 164

09 세계 최대의 무슬림 국가 인도네시아 _ 186

10 1200년 전 신라와 아랍의 만남 한국 _ 208

석유, 밀, 이슬람의 나라

사우디
아라비아

SAUDI ARABIA

사우디아라비아는 이슬람 성지인 메카를 비롯해 전 세계 이슬람교도들이 생애 꼭
한 번은 가 보고 싶어 하는 나라다. 현재까지도 이슬람 율법이 지켜지고 있는 거의
유일한 나라인 사우디아라비아는 세계 최대 원유 생산국이기도 하다. 광활한 사막
으로 이루어진 나라이지만 담수화 장치를 이용해 물을 사용하고 사막에 거대한 밀
밭이 조성되어 있다. 우리와 너무나도 다른 문화를 가진 사우디아라비아를 살펴보
며 이슬람 문화 탐사를 시작한다.

사우디아라비아 SAUDI ARABIA

　　교수님과 함께 이슬람 문화 탐방을 시작하게 되었다. 우리가 처음 가 보기로 한 곳은 사우디아라비아다. 뜨거운 사막과 이슬람의 중심지로 알려진 곳이다. 낯설지만 그만큼 궁금증도 많이 생긴다. 이슬람 문화에 대해서 알아볼 생각을 하니 두근두근 마음이 설렌다.

메카에서 만난 순례객들

　　메카에서 처음 일정을 시작했다. 이슬람이 처음 시작된 곳이 메카이고, 이곳이야말로 전 세계 15억 이슬람교도들이 꿈꾸는 최고의 성지이기 때문이다. 지금 메카에는 순례 기간이 아닌데도 약 백만 명의 방문객들이 몰려 있다. 역시 이슬람 최고 성지다운 모습이다. 순례객들은 메카의 하람 모스크 안뜰에 검은 카바신전

을 중심으로 시계 반대 방향으로 계속 돌면서 기도를 한다. 하얀
옷을 똑같이 차려입고 남자는 오른쪽 어깨를 내놓고 모두들 일
곱 바퀴씩 돈다. 가만히 지켜보다가 궁금해서 견딜 수 없었다.

"선생님! 가운데 카바 신전 안에 도대체 무엇이 있기에 사람들
이 저토록 간절히 기도하면서 일곱 바퀴씩 돌고 있나요?"
"카바 신전은 그냥 상징물이란다. 옛날 아랍인들이 우상을 숭

배하던 신전이었는데, 이슬람 이후에는 유일신 알라를 믿어야 된
다며 이곳을 '하느님의 집'으로 만들었지. 전 세계 무슬림들이
매일 다섯 번씩 메카를 향해 예배를 드리는 것은 하느님을 향해
서 자신을 바친다는 뜻을 갖고 있단다. 카바 신전을 일곱 바퀴 도
는 것은 아브라함이 이 신전을 짓고 나서 이곳을 일곱 바퀴 돌았
다는 전통에서 비롯되었는데, 이슬람에서는 7이라는 숫자가 특
별한 의미를 갖고 있어. 알라가 우주를 창조하신 날도 7일이고

메카 하람 모스크. 모스크 안 네모난 검은색 건축물이 카바 신전이다.

천국도 일곱 개의 하늘로 나뉘어 있다고 하니 일곱 바퀴를 도는 것이 아닐까? 모든 역사는 상상력에서 출발하거든. 그 상상력을, 자료를 찾아 논리적으로 입증해 보이면 새로운 역사적 사실이 되는 거지."

"지금이 순례 철이 아닌데도 왜 이렇게 사람들이 많이 찾아오나요? 모두 사우디아라비아 국민들인가요?"

메카의 하람 모스크 전경 | 카바 신전을 돌면서 기도하는 순례객들

"메카에 사는 사람들은 약 3백만 명 정도라고 해. 순례 철에는 또 다른 3백만 명이 찾아오니 그때는 발 디딜 틈도 없이 복잡하겠지. 그래서 많은 무슬림들은 순례 철이 아닌 때에도 하느님을 만나겠다는 목표를 가지고 하느님의 집이 있는 메카를 찾아온단다."

"순례에 대해서 알고 싶어요. 이슬람의 5대 의무 중 하나로 여길 만큼 중요한 종교적 행사인데 전 세계 15억 무슬림들이 어떻게 평생 한 번 메카 순례를 할 수 있나요? 거리도 멀고 돈도 많이 들 텐데, 그리고 몸이 불편한 사람은 아예 올 수도 없잖아요."

"이슬람의 5대 의무를 다 알고, 민지가 이미 공부를 많이 했구나. 신앙 고백, 예배, 단식, 희사 등과 함께 평생에 한 번 메카를 방문해야 하는 순례는 이슬람의 의무이지. 다른 의무는 다음에 공부하기로 하고, 우선 순례에 대해 이야기해 볼까.

순례는 건강이 허락하고 경제적 여유가 있는 모든 무슬림들이 하느님의 집이 있는 메카를 순례하며 하느님을 만난다는 종교적 의미를 갖고 있단다. 신앙 생활의 완성이라고 할 수 있지. 그래서 몸이 불편하거나 너무 가난해서 형편이 어려운 사람들은 메카 순례를 하지 않고, 다른 좋은 일을 많이 함으로써 순례를 대신하기도 해.

많은 무슬림들은 하느님을 만나고 신앙을 완성한다는 부푼 꿈을 안고 평생 계획을 세우고 저축하면서 순례 준비를 한단다. 심지어 아프리카에서 6개월 전에 집을 떠나 육로로 걸어서 메카까지 오는 경우도 있단다. 그들의 종교적 열정을 짐작해 볼 수 있지."

"순례객들이 카바 신전을 돌면서 무언가 소리 내어 외치고 기도를 하는데, 무슨 내용일까 궁금해요."

"오 하느님, 제가 여기 왔나이다. 오직 당신을 만나기 위해 제가 오늘 여기 왔나이다. 제 죄를 용서해 주시고 당신의 은총과 축복 속에 살아갈 수 있도록 도와주십시오. 간절히 기도하나이다. 뭐 이런 외침일 거야."

순례 기간은 이슬람력으로 12월 8~12일에 걸쳐 이루어진다. 이 기간 동안에는 손톱과 발톱은 물론 수염도 깎지 않는 등 반드시 지켜야 하는 금기 사항들이 있다. 성지 순례 기간 동안만큼은 모든 무슬림들이 갈등과 전쟁을 멈추고 하느님을 찬양하며 메카에 모여든다고 한다. 그만큼 무슬림들에게 성지 순례는 가장 중요하고 신성한 종교의식이라고 할 수 있다.

무역 엑스포

메카 모스크 바깥문을 나서니 고급 호텔과 휘황찬란한 쇼핑센터가 우리를 반겼다. 책이나 사진에서 보던 삭막하고 딱딱한 분위기가 아니어서 적잖이 놀라웠다. 현대식 고층 빌딩이 메카 모스크를 감싸고 있어 성스러운 느낌이 덜하고 왠지 성지가 침해당했다는 생각이 들기도 했다.

시내 곳곳에는 가게가 들어서고 갖가지 차림을 한 방문객들이 자신들이 가져온 물건들을 내다 팔고 있었다. 그 먼 길을 왔으니

여행 경비라도 마련하려는 것이다. 그런데 이런 전통은 이슬람 시대 초기부터 1400년 동안 계속되어 온 모습이란다. 따라서 성지 순례 기간에는 백 개가 넘는 나라에서 온 수백만 명의 순례객들이 한자리에 몰려 거래가 이루어지는 거대한 무역 엑스포가 이루어진다고 할 수 있다.

이슬람의 두 번째 성지 – 메디나

메카 순례를 마친 사람들 대부분은 그냥 고향으로 돌아가지 않고 메디나로 향한다고 한다. '하느님의 집' 이 있는 카바 신전에서 하느님에게 죄를 용서받고 새 삶을 시작한 무슬림들은 이슬람의 마지막 예언자인 무함마드를 찾아간다. 메디나에 있는 예언자 모스크에 무함마드의 묘가 있기 때문이다.

무함마드의 모스크에서 예배하고 기도하면서 인류에게 새로운 가르침을 주신 그분을 기억하고 존경을 표현하는 것이다. 그리고 메디나는 무엇보다 서기 622년 메카에서 쫓겨난 무함마드와 초기 무슬림들이 새로운 공동체를 이루고 이슬람 역사를 새로 시작한 곳이기도 하다. 이것을 이슬람 역사에서는 헤지라라고 부른다고 한다. 그래서 이슬람에서는 서기 622년을 이슬람 역사의 시작으로 본다. 2010년은 이슬람력, 즉 헤지라로는 1431년이 되는 해다.

"선생님! 메디나가 이슬람의 두 번째 성지라면 세 번째, 네 번째 성지들은 어디에 있나요?"

"이슬람의 세 번째 성지는 예루살렘이란다."

"아니, 예루살렘은 크리스트교와 유대교의 성지 아니에요? 예수께서 예루살렘에서 십자가 처형을 당하셨으니 크리스트교의 성지이고, 통곡의 벽은 물론 솔로몬과 다윗의 성전이 있으니 유대교의 성지도 되는데 이슬람과 예루살렘이 무슨 상관이 있다는 것인가요?"

"그렇지, 나중에 이슬람 종교를 공부하면 이해가 더 잘 되겠지만, 사실 유대교와 크리스트교 못지않게 이슬람교도 예수와 솔로몬, 다윗 등과 관계가 있지. 이들을 예언자로 믿고 따르고 있단다. 이슬람의 믿음에 의하면 무함마드가 예루살렘에서 하느님의 부름을 받고 하늘로 올라가 하느님을 만나고 내려왔다는 거지.

다시 말하면 예루살렘에서 이슬람이라는 종교를 구체적으로 확정받아 내려왔다고 믿고 있는 거지. 이를 기념하기 위해 그들은 바로 통곡의 벽 옆에 있는 언덕의 바위 위에 황금색 돔을 가진 성전을 짓고 이를 기념하고 있단다. 이러한 종교적 이유 때문에 초기 무슬림들은 메카가 아닌 예루살렘을 향해서 예배를 드린 적도 있었단다."

메카, 메디나, 예루살렘은 모든 무슬림들이 신성하게 생각하는 공동 성지다. 그 밖에도 시아파에게는 이라크에 있는 카르발라, 이란의 마샤드, 콤 등이 중요한 성지이고, 중앙아시아 이슬람 국가에서는 역사적으로 유명한 학자나 종교 지도자의 무덤을 화려하게 짓고 그곳을 성지로 여기고 순례를 하기도 한다.

이들 아드하(희생제) 축제

순례가 끝나는 날, 무슬림들은 양이나 낙타를 잡아 희생제를 치른다. 이를 '이들 아드하' 축제라 한다. 이들 아드하는 이슬람 세계에서 단식이 끝나고 즐기는 '이들 피트르'라는 축제와 함께 가장 큰 축제다.

자신의 죄를 용서받고 새로운 삶을 시작하는 의식인데, 희생 의식은 순례에 참가하지 않은 모든 무슬림들도 함께 지키는 축제이기 때문에 전 세계에서 동시에 수천만 마리의 양이나 동물들이 희생된다고 한다. 그 고기는 3등분하여 1/3은 가난한 이웃에게

1/3은 자선단체에 희사하고 나머지 1/3을 가지고 가족들과 맛있는 음식을 만들어 먹는다. 그리고 남은 가죽과 양털은 잘 보관했다가 자선단체로 보낸다고 한다. 단순한 축제로 즐기는 것이 아니라 함께 나누는 정신이 이슬람 문화의 가장 큰 미덕이라고 교수님께서 말씀하셨다.

"하루에 생기는 그 많은 고기들을 어떻게 보관하고 처리하나요? 두고두고 먹으면 좋을 텐데."

"민지가 걱정이 많구나. 순례 기간이 되면 전 세계 육류 가공 회사나 모피, 모직 업체들이 비상근무를 하면서 고기와 털, 가죽을 확보하느라 경쟁을 한단다. 그 고기로는 가공식품을 만들고 모피와 모직물을 만들어 세계 시장에 공급하니 세계 경제 활성화에도 큰 도움이 되겠지."

사우디아라비아의 밀밭

다음 날 교수님과 함께 메디나를 떠나 홍해의 고대 항구 도시 제다로 갔다. 꽤 먼 거리였는데 1시간 정도밖에 걸리지 않았다. 사막의 고속도로라 시속 150킬로미터씩 달려도 자동차의 진동이 크게 느껴지지 않았다. 군데군데 SAMSUNG, LG, HANKOOK TIRE, HYUNDAI 같은 한국 회사의 광고판이 자주 눈에 띄어 기분이 좋았다. 오는 길목에서 누런 밀밭을 보았다. 커다란 기계 장치가 움직이면서 밀밭에 물을 뿌려 주고 있었다. 믿어지지 않고 신기해서 나는 교수님에게 밀밭이 맞느냐고 몇 번이고 다그쳤다.

"선생님! 어떻게 1년 내내 비가 거의 오지도 않는 뜨거운 불모의 땅에 밀밭이 있나요?"

"석유를 팔아 엄청난 돈을 버는 사우디아라비아는 오일달러로 미래를 위한 사회 간접 시설에 투자를 하고 있단다. 그 대표적인 사업이 바로 담수화 시설이지. 바닷물을 끓여 민물을 만들어 가정집에 공급하는 거지. 지금 사우디아라비아 2800만 인구 대부분이 가정에서 담수화 공장에서 만든 물을 마시고, 빨래하고 목욕을 한단다. 물값이 무척 비싸겠지. 아마 1리터당 가격이 석웃값보다 몇 배 비쌀 거야. 이 비싼 물을 한 번 쓰고 버리기는 너무 아까우니까 사용한 물을 모두 모아 재처리해서 공업용수나 농업용수로 사용하는 거지. 이 물을 다시 마시기는 좀 그러니까 관개수

수로 | 밀밭

로를 만들어서 경작에 사용하는 거지."

"사막 모래에 어떻게 물을 대요?"

"사막이라고 모두 모래 언덕만 있는 것은 아니지. 비가 오지 않아서 건조할 뿐이지 비옥한 땅과 퇴적층도 있단다. 그곳에 물길을 대 주면 채소건 과일이건 농작물이건 마구 자라는 거지. 심지어 1년에 4모작이 가능한 곳도 있단다."

"4모작이요? 1년에 4번을 수확하는 거예요?"

"1년 365일 햇볕이 내리쬐니 잘 자라는 것은 당연하지. 대규모 기계화 시설로 원가를 줄이고, 특히 고온 건조해서 병충해도 거의 없어 농약을 사용할 필요도 없단다. 세계 곡물 시장에서 사우디아라비아 원산지 표시가 확인되면 가격이 좀 비싸더라도 충분한 수요가 있단다. 무엇보다 사우디아라비아 정부가 앞으로 세계적인 밀 수출 국가가 되겠다는 계획을 갖고 있다니 더욱 놀라운 일이지."

"야! 정말 믿기지 않는 사실이네요. 사우디아라비아가 이슬람과 석유의 나라인 줄만 알았는데 식량 생산 국가라는 것이 믿어지지 않아요. 역시 현장을 직접 확인하고 새로운 정보를 얻는다는 것이 얼마나 새롭고 중요한지 다시 한 번 깨달았어요. 서구 사회가 전해 주는 부정적인 이야기만 믿고 고정관념을 갖기보다는 세상을 있는 그대로 바라보는 것이 진짜 경쟁력이라는 사실을요."

여성 차별과 가혹한 형벌의 나라

"민지가 문화 탐사를 하자마자 놀라운 깨달음을 얻었구나. 세상을 제대로 보기 위해서는 있는 그대로도 중요하지만 열심히 공부해서 정확한 정보와 지식을 갖는 것도 필요하지. 왜냐면 세상은 또한 아는 만큼 보이는 법이거든."

"그런데도 저는 사우디아라비아 길거리에서 여성들이 얼굴까지 가리고 다니거나 운전도 못 하고, 남녀가 함께 공부도 못 하게 하는 제도는 잘못됐다고 생각해요. 이슬람은 여성에 대한 차별이 너무 심해요."

"나도 민지 생각과 똑같아. 메카와 메디나 같은 이슬람의 두 성지가 사우디아라비아에 있고, 이슬람이 이곳에서 출발했기 때문에 사우디아라비아의 이슬람이 가장 모범적이라는 생각은 잘못이야. 어쩌면 사우디아라비아말로 가장 잘못된 이슬람의 길을 가고 있는지도 모르지. 꾸란에서도 남녀는 평등하게 창조되었다 하고, 남성과 여성의 독특한 역할을 인정했는데, 이 나라에서는 아직도 남성이 모든 것을 다 해야 한다고 주장하지. 여성은 집에서 아이를 돌보고 가정을 돌보는 것이 미덕이라고 생각하지.

다른 이슬람 국가들을 살펴보자. 세계 최대의 이슬람 인구를 가진 인도네시아에서는 여성인 메가와티가 대통령이 되었고, 파키스탄, 방글라데시, 터키 등에서도 국민이 여성을 수상으로 선출했거든. 사우디아라비아 바로 이웃의 쿠웨이트, 바레인, 카타르, 아랍에미리트, 이집트, 팔레스타인 같은 아랍 국가에서도 여

성 장관들이 있고 여성 국회의원들이 선거에서 선출되어 정치적
활동을 하고 있단다. 다른 이슬람 국가들은 모두 변해 가고 발전
하는데 사우디아라비아는 아직도 보수적인 이슬람 원칙을 내세
우며 여성의 권리를 억압하고 있는 셈이지."

제다에 도착하니 중심가 할라스 광장에 사람들이 구름 떼처럼
몰려 있었다. 무슨 일인가 싶어 우리는 인파를 헤치고 광장 중심
으로 나아갔다. 두 사람이 묶인 채로 죽음을 기다리고 있었다. 말
로만 듣던 그 끔찍한 참수형 장면이다.

아직도 사우디아라비아에서는 살인자나 흉악범의 머리를 칼
로 베는 참수형이 이렇게 공개적으로 시행된다. 우리는 너무나
두렵고 섬뜩하여 서둘러 그곳을 도망치듯이 빠져나왔지만, 오랫
동안 그 광경이 잊히지 않았다. 아무리 죄가 미워도 그토록 잔혹
하게 한 생명을 처단할 수 있을까? 아무리 이해하려고 해도 머리
가 복잡했다. 호텔에 돌아온 후 우리는 잠시 머리를 식히고 근처
모스크의 이맘(예배 인도자)에게 그 이유를 물어보기로 했다.

"문명 세계에서 사우디아라비아는 왜 아직도 사람의 목을 치
는 끔찍한 처벌을 고집하지요? 그것도 여러 사람들이 지켜보는
공개적인 처형을 하나요?"
"한마디로 설명하기 어렵습니다. 살인자나 흉악범은 이미 인
간이기를 포기한 사람입니다. 인권이란 사람답게 살아가는 사람

들의 몫입니다. 살인자의 인권을 내세우며 사형제를 폐지하고 몰래 처형을 한다고 흉악 범죄가 줄어드나요? 그들 때문에 더 많은 선량한 사람들이 위험에 내몰리고 있어요. 그래서 살인자를 공개적으로 일벌백계하여 모두들 죄를 두려워하게 만들면서, 한 사람의 선량한 인권이라도 더 지켜 줄 수 있다면 그런 처형 방법도 효과가 있는 것 아니겠습니까. 죽을 죄를 지은 사람들의 인권보다는 살아 있는 사람들의 인권이 더 소중한 법이니까요."

나름대로 논리가 있어 보이지만 그래도 이해가 되지 않았다. 지구촌 대부분이 사형제 폐지 논의를 하는 이때 좀 더 문명적인 방식으로 처벌하는 것이 문명국으로 인정받을 수 있는 것 아닌가 하는 생각에 아직도 마음이 두근두근하다.

홍해에서 문어 잡기

사우디아라비아를 떠나기 전 아름다운 홍해 바다가 보고 싶어졌다. 제다에서 20분 북쪽으로 차를 달리니 도심을 벗어나 아름다운 홍해 해변이 나타났다. 해변에서는 검은 차도르를 걸친 여자들은 파라솔 안에 앉아 있고 아버지와 아이들만 해변에서 뛰어놀고 있었다. 조개를 줍거나 맑은 물속을 헤엄치며 스노클링을 하는 아이들도 보였다.

바닷물은 생각만큼 붉은빛을 띠지는 않았다. 왜 홍해란 이름을 붙였는지 이해가 되지 않았다. 아마 지중해를 백해(하얀 바다),

제다의 야경

흑해를 검은 바다, 카스피해를 청해(푸른 바다)로 불렀던 옛 중동 사람들의 생각에 붉은 사막과 모래를 끼고 있는 아라비아반도의 좁은 바다를 홍해라고 부르지 않았을까 하고 상상력을 동원해 보았다. 역사는 상상력에서 출발한다고 선생님께서 말씀하셨으니, 어쩐지 그럴듯하게 느껴지기도 했다.

그런데 해안가 저쪽 바위 틈 속에서 아이들 몇이서 커다란 문어를 잡아 바위에 대고 내리치고 있었다. 아이들은 그저 장난삼아 무서운 문어가 꼼짝 못 하게 있는 힘을 다해 때리고 있었다. 우리나라에서는 귀한 먹을거리인데 하는 생각이 들었다. 그러고 보니 해안가 이곳저곳에는 여러 가지 조개며 게, 성게가 즐비했다. 그런데 아무도 그것을 줍거나 가져가는 사람들은 없었다.

아랍 사람들은 바다에서 나는 갑각류나 해조류 등을 거의 먹지 않는다. 오징어나 문어, 조개 같은 것을 아주 싫어한다. 아마도 유목 생활을 하던 아랍인들은 육식을 즐겨서 그런지 바다 생물에 대해서는 혐오감을 가지고 있는 것 같았다. 종교와 관련 있는 것인지 궁금했다.

"그럼 이슬람교에서도 바다에서 나는 것들을 먹지 못하게 하나요? 돼지고기만 못 먹게 하는 줄 알았는데."

"아냐. 종교적으로는 바다에서 나는 것을 먹어도 괜찮아. 다만 아랍인들의 오랜 관습 때문에 오징어나 문어, 조개 같은 것들과 비늘 없는 생선을 피하는 경향이 있단다. 그런데 요즘은 점점 식탁이 서구화되어 가면서 새우는 아예 즐기는 음식이 되었고, 다른 바다 생물들도 먹기 시작했단다."

이슬람 문화 탐사를 처음 시작한 사우디아라비아에서 새로운 사실을 하나 깨달았다. 나와 다른 문화를 가진 나라와 그 사람들을 이해하기 위해서 현장 탐사만큼 정확하고 신나는 공부가 없다는 것을. 사우디아라비아에서 탐사를 시작하기 잘했다. 이제 모로코로 다른 모험을 떠난다.

사하라사막에 꽃핀
북아프리카의 이슬람

모로코

MOROCCO

모로코는 북부 아프리카 서쪽 끝에 위치한 나라다. 아직 중세의 모습을 간직한 페스를 비롯한 많은 도시들이 있고, 영화로 유명한 아름다운 카사블랑카도 있는 나라다. 베르베르족이 살던 곳에서 이슬람 왕국이 형성된 곳이라 곳곳에서 이슬람 문화를 느낄 수 있다. 라마단 기간 이슬람 사람들이 어떻게 살아가는지, 이슬람 여성들은 어떻게 사는지 등 모로코에서 이슬람 문화를 좀 더 알아본다.

모로코 MOROCCO

모로코를 간다니까 카사블랑카라는 이름이 먼저 생각났다. 잉그리드 버그만이 주연한 영화 이야기는 아빠한테 수없이 들었다. 모로코를 잘 몰랐을 때에는 도박으로 유명한 지중해 국가인 모나코와 혼동하여 친구에게 창피를 당한 적도 있었다. 모로코는 북아프리카 가장 서쪽에 있는 이슬람 국가다. 그러나 모로코는 이슬람 국가이면서도 프랑스의 오랜 지배를 받아서인지 서구적 분위기가 함께 묻어나는 나라다.

이슬람 라마단 기간

비행기가 대서양의 도시 카사블랑카에 도착하니 때마침 라마단 기간이었다. 한밤중인데도 도시에는 활기가 넘쳤고 모스크마다 환한 불을 밝히고 주변에는 인파들로 붐비고 있었다. 공항에는 하얀 히잡을 쓴 야스민이 나와서 우리를 반갑게 맞아 주었다.

"안녕! 야스민. 나는 민지라고 해. 한국에서 왔어."

"노스 코리아니? 아님 사우스 코리아?"

"아니, 당연히 사우스 코리아지. 서울, 월드컵, 삼성, 엘지, 현대, 기아 그런 거 몰라?"

"민지야. 너무 화내지 마라. 아랍 나라들에는 우리보다 북한이 훨씬 먼저 진출해서 자리를 잡았기 때문에 북한도 잘 알려져 있단다. 지금은 우리가 국제사회에서 위상도 있고 경제 발전을 해서 어깨에 힘을 주고 다니지만, 1970년대까지만 해도 남한과 북한은 서로 경쟁하는 관계였단다. 아직도 많은 이슬람 국가들이 북한과 외교 관계를 맺고 있단다."

"민지, 미안해. 북한이냐고 물어봐서."

"괜찮아. 그런데 밤중인데도 웬 사람들이 이렇게 많아? 길거리가 사람들로 붐벼 발 디딜 틈이 없네."

"지금이 라마단 기간이라 해가 진 이후에는 식사를 하고 쇼핑을 하거나 차와 커피를 마시면서 친구들과 시간을 보내."

"라마단이 무엇이죠? 교수님!"

"이슬람의 다섯 가지 가르침 중에 하나로 모든 무슬림들은 이슬람력으로 아홉 번째 달인 라마단 달 한 달 동안은 해가 있는 동안 아무것도 먹지도 마시지도 못하면서 단식을 하게 된단다."

"아니, 한 달 동안이나요? 물도 못 마시나요? 그럼 사람들이 어떻게 사나요?"

"물론 해가 있는 낮 동안에는 아무것도 먹지도 않고 마시지도 않으며 금식을 하지. 대신 아침 일찍 일어나서 음식을 만들어 먹고 해가 진 뒤에도 충분한 저녁을 먹을 수 있지. 사실 점심 한 끼 굶는 셈인데, 더운 날씨에 물까지 마시지 못하니 그 고통이 매우 크단다."

"단식을 하는 이유가 뭐지요? 이슬람교는 쓸데없이 사람들에게 고통을 주는 종교인가요?"

"세상은 모두 공평하지 않단다. 부자와 가난한 자, 힘 있는 자와 약한 자, 기회를 가진 자와 소외된 자들이 모두 함께 살아가고 있지 않니? 라마단이란 그 사회의 가진 자와 가난한 자 모두가 똑같은 조건에서 함께 굶고 함께 먹는 과정을 통해 말이 아닌 구체적인 체험을 통해 억울한 자, 가난한 자, 빼앗긴 자의 고통과 배고픔을 직접 느끼게 하는 의식이란다. 진정한 나눔의 행사라고 할까. 그러면서 사회가 나눔을 통해 좀 더 공평하고 공정하게 살아갈 수 있다는 믿음을 주는 거지. 실제로 라마단 단식이 끝난 후에 많은 사람들이 자신보다 더 어려운 사람들을 위해 기꺼이 기부를 하고 베푸는 선행을 많이 한단다."

"그러고 보니 정말 멋진 제도네요."

"야스민, 너도 단식 중이니?"

"물론 나도 모든 가족들과 함께 단식을 하는 중이야."

"힘들지 않니?"

"처음 며칠 동안은 배도 고프고 무엇보다 목이 말라 참 힘들었어. 그러다가 한 1주일 지나니까 그럭저럭 견딜 만해. 무엇보다 평소에는 느끼지 못했던 가난한 사람들의 배고픔을 이해하고 나도 단식이 끝난 후에는 꼭 얼마라도 그들을 위해 나눌 생각을 하고 있어."

"그럼 기부금은 어디에다 내고 낸 돈은 누구에게 주니? 그리고 액수는 얼마나 되니?"

"희사금은 자카트라 해서 종교적 의무야. 자신의 순수입 중에서 2.5퍼센트, 그러니까 40분의 1을 내는 거지. 근처 모스크에 내든가 자선 단체나 동사무소 같은 곳에 가져다주어도 돼."

"그런데 순수입의 2.5퍼센트를 거둬 가지고 어떻게 가난한 사람들의 배고픔과 복지를 해결할 수 있지? 너무 부족할 것 같은데."

"그래! 민지야! 잘 맞혔어. 그 돈으로는 어림도 없지. 그래서 사다카라는 별도 희사금을 무슬림들은 많이 내. 사다카는 액수에 상관없이 얼마든지 사회를 위해 희사하는 돈을 말해. 단식이 끝나고 나면 부자들이 이러한 사다카를 많이 내지."

"만약 라마단 기간 한 달 동안 단식을 제대로 지키지 못하거나 다른 나라로 여행할 때는 시차가 생겨 제대로 규정에 맞춰 단식을 할 수 없을 텐데. 그때는 어떻게 하니?"

"넌 궁금한 것도 많구나. 만약 몸이 아프거나 단식을 못 할 상황이 생기면 라마단 달이 끝난 후에 자신이 편리한 날을 잡아 부족한 날만큼 채우면 돼. 그리고 너무 어린아이이거나 노인, 환자, 임산부 등은 단식을 하지 않아도 괜찮아. 건강을 해치면서 단식을 할 필요는 없으니까. 이슬람은 엄격한 규정이 있는 한편, 여러 가지 고통을 줄여 주는 방식들이 마련되어 있는 것도 특징이야."

모로코에서의 첫 밤. 피곤에 지쳐서 일찍 잠자리에 들었다. 새벽 4시쯤 되었을까. 천지를 뒤흔드는 요란한 북소리에 그만 잠이 깨고 말았다. 놀라서 밖을 내다보니 근처 모스크에서 나온 북 치는 소년이 골목골목을 다니면서 북을 치고 있었다. 아마 곧 해가 밝으니까 어서 일어나서 식사 준비를 하라는 신호인 것 같았다.

오늘도 긴 하루를 굶주림의 고통 속에서 보내지 않으려면 아침에 해 뜨기 전에 충분히 먹어 두어야 한다. 그렇게 단식을 하면서 아침 일찍 보통 때처럼 직장에 가서 일을 하고 학교에 가서 공부를 한다는 사실이 잘 믿기지 않았다. 자신만 잘살면 된다는 이기심을 뛰어넘어 공동체가 함께 보살피며 잘살아 보겠다는 이슬람의 정신이 새롭게 다가왔다.

날이 밝자 시내 구경을 나갔다. 정말 대서양을 등지고 언덕 위에 옹기종기 자리 잡은 하얀 집들이 그림처럼 펼쳐졌다. '카사블랑카' 란 단어가 스페인 말로 '하얀 집' 이라는 의미라는데 그야말로 하얀 집들이 지중해와 대서양이 만나는 북아프리카 끝자락의 해변을 아름답게 장식하고 있었다. 그런데 아쉽게도 내가 꿈꿔 왔던 영화 속의 카사블랑카 장면은 찾을 수 없었다. 야스민에

카사블랑카 전경

따르면 이 영화는 미국에서 세트를 만들어 찍었다니 크게 속았다는 느낌이다.

이븐 바투다

시내 곳곳에는 오래된 나무숲이 그늘을 이루는 공원들이 많았다. 워낙 더운 여름철이라 단식을 하는 시민들이 아이들을 데리고 나와 조용히 이야기를 나누면서 정겹게 시간을 보내고 있었다. 공원 입구에는 터번을 쓴 이슬람 학자의 동상이 세워져 있었다.

"야스민! 저분은 유명하신 분 같은데 누구니?"
"민지가 그 이름을 들어 본 적이 있는지 모르겠어. 이븐 바투타(1304~1368)란 대학자의 동상이야."

"이븐 바투타! 들어 본 것 같기도 하고. 혹시 마르코 폴로처럼 전 세계를 누볐던 여행가 아닌가?"

"맞아. 14세기 모로코가 낳은 세계적인 여행가이자 대학자인 이븐 바투타의 동상이야. 이븐 바투타는 모로코를 출발해 멀리 중국까지 여행을 하면서 당시

이븐 바투타

그가 만났던 사람들에 대한 귀중한 정보와 풍습을 담은 이븐 바투타의 여행기를 남겼지."

"교수님! 그럼 동방견문록을 집필했던 서양의 마르코 폴로 같은 사람인가요?"

"그런 셈이지. 그러나 여행기의 내용이나 방문했던 지역과 정확도에서는 동방견문록보다 훨씬 가치가 높은 자료로 평가받고 있단다. 1325년 21세 때 고향인 모로코를 출발하여 사우디아라비아의 메카에서 순례를 마치고 이라크, 페르시아, 홍해 연안, 인도양, 터키, 흑해, 중앙아시아, 인도, 스리랑카, 인도네시아를 거쳐 1345년 중국까지 전 세계를 여행했단다. 모로코에 돌아온 뒤에도 여행을 계속하여 1368년에 고향인 탕헤르에서 사망할 때까지 스페인과 아프리카 내륙까지 탐험하면서 장장 12만 킬로미터를 돌아다닌 중세 최고의 여행하는 학자였단다."

중세의 모습을 간직한 페스

다음 날은 버스를 타고 페스로 향했다. 참 가 보고 싶었던 곳이다. 21세기 첨단의 시대에 이슬람 중세 도시의 모습을 그대로 간직하고 있는 곳이 페스다. 과연 듣던 대로 도시 전체가 붉은 색을 띠고 있고, 사람과 노새와 자동차가 뒤섞여 제멋대로 굴러가고 있었다. 군데군데 높은 첨탑을 가진 오래된 모스크가 도시의 상징처럼 하늘로 솟아 있고, 시장 거리에서는 전통적인 방식으로 청동 그릇을 만들고 가죽을 염색하느라 모두가 분주하다. 하나같이 표정들에서 자부심과 당당함이 묻어난다.

야스민의 안내로 페스 구시가 도심 안으로 들어가 보기로 했다. 그야말로 정지된 중세 도시의 기능이 그대로 살아 움직이는 박물관 같은 곳이다. 돌과 흙으로만 빚은 높은 집들 사이로 사람 하나가 겨우 지나갈 만한 골목을 만들어 놓았다.

노새가 갈겨 놓은 똥을 지나가던 사람들이 밟고 또 밟아 길바닥은 온통 매끈하고 미끈거린다. 역겨운 냄새도 골목에 그득하다. 그럼에도 이 골목 도시 안에는 사람이 사는 커다란 주택가가 있고 모스크와 대학, 도서관이 있고 목욕탕도 보인다. 그 사이사이로 현대식 미용실과 자그만 가게들도 문을 열었다.

이리 가다 보면 오른쪽이 막혀 있고 저리 가 보면 앞이 막혀 있어 수많은 골목과 꼬불꼬불한 미로 사이에서 길을 잃지 않는 건 기적에 가까웠다. 수십 번을 와 보았다는 야스민조차 길을 잃고 헤매다가 묻고 또 물어 겨우 왔던 길을 찾았다.

길을 잃어도 전혀 불편하지 않았다. 그곳이 살아 숨 쉬는 생생한 삶의 현장이기 때문이었다. 옛날 방식대로 만들고 두드리고, 소리 내면서 삶을 이어 가고 있었다. 그러다가 시간이 되면 모스크에서 울려 나오는 아잔 소리를 따라 매일 다섯 번씩 예배를 드리고, 마을 사람이 죽었다는 소식이 전해지면 하던 일을 멈추고 그를 애도하러 떠난다. 이 모든 것이 모스크에서 이루어진다.

페스 구시가 모습 | 장사하는 사람들 | 염색하는 사람들

페스의 모스크는 단순히 예배만 드리는 곳이 아니다. 서로 모임을 갖고 마을의 기쁜 일과 슬픈 일을 서로 나누고, 공부도 하고 휴식도 하는 마을 전체의 공동체 공간이다. 지치면 바로 근처의 목욕탕에서 피로를 풀고 자신이 만든 생활용품이나 작품들은 바로 옆 시장에서 전 세계에서 몰려온 상인들과 사람들에게 팔려 나간다.

다양한 이슬람 여성들의 모습

신나게 페스 구경을 하고 다시 골목 바깥으로 나왔다. 마침 금요일 오후라 많은 사람들이 길가에 나와 커다란 플라타너스 그늘에서 차를 마시며 담소를 나누고 있었다. 붉은 색 옷을 입고 머리에 까만 히잡을 두른 여인들의 차림이 독특했다. 다른 이슬람 나라와는 달랐다. 아예 히잡을 쓰지 않은 여성들도 많이 눈에 띈다.

"야스민, 이슬람 여성들은 반드시 히잡을 써야 되지 않아?"

"아니야, 꼭 써야 한다는 강제 규정은 없어. 그런데 모로코 여성들은 중학교를 들어가면 보통 외출할 때 히잡을 쓰는 것이 일반적이야."

"왜 어떤 것은 히잡이라고 하고 차도르라고도 하고 차이가 있지? 아프가니스탄에서 문제가 되었던 부르카하고는 무엇이 달라?"

"히잡은 아랍어이고 차도르는 이란에서 유래되었는데 기능은 비슷해. 나라마다 가리는 정도에 따라 이름이 서로 다를 뿐이지. 남에게 자신의 신체를 너무 드러내지 않고 정숙함을 지키라는 꾸란의 가르침에 따라서 많은 무슬림 여성들은 히잡을 쓰고 있지."

히잡을 쓴 이슬람 여성

"그런데 교수님! 히잡을 쓰는 데 색깔이나 형태의 통일이 없는가 봐요. 모두 쓰고 있는 히잡의 종류나 색깔이 달라요."

"과거에는 하얀 색이나 검은 색으로만 히잡을 만들어 썼는데 요즘은 자신이 원하는 색깔의 히잡을 마음대로 쓸 수 있어. 그리고 21세기 이슬람 여성들의 히잡은 종교적 강제라기보다는 거의 패션으로 가고 있어. 왜 프라다, 입셍로랑, 구찌, 베르사체 같은 유럽의 유명한 명품 회사들 있지 않니? 거기서도 이슬람 여성 히잡을 멋진 고가품으로 생산해서 불티나게 팔고 있단다."

"그래도 아프가니스탄에서는 얼굴까지 가리는 부르카를 강제로 입게 하고, 사우디아라비아에서는 자국 여성은 물론 외국인 여성들도 얼굴을 가려야 한다니, 패션하고는 너무 거리가 먼 것이 아닌가요?"

"맞아, 민지야! 불행하게도 사우디아라비아, 이란, 아프가니스탄의 일부 지역에서는 여성들을 억압하는 수단으로 히잡을 쓰라 하고 그들의 사회 진출과 자유로운 활동을 제한하고 있단다. 그것도 이슬람의 이름으로. 그렇지만 여성들의 의식이 깨어나고 교육을 통해 변화하는 세상을 제대로 알게 된다면 남성들의 억압을 과감히 떨쳐 버리고 자신들의 권리를 되찾게 될 거야."

"과연 그렇게 될까요? 이슬람교 자체가 여성을 억압하는 종교라고 하는데요."

"종교가 여성을 억압한다는 것은 옳지 않아. 성경의 창세기에 보면 아담의 갈비뼈 하나로 이브를 만들었다는 이야기가 있고, 중세까지 여성들은 완전한 인간으로 대접도 못 받았지만 지금 서구 기독교 사회가 가장 선진적인 여성 권리를 갖게 되지 않았니? 그리고 보면 아담과 이브 모두 똑같이 하느님께서 흙으로 빚어 창조하신 이슬람교의 여성들이 훨씬 권리가 클 수도 있지. 그래서 인도네시아에서는 국민 선거를 통해 여성 대통령을 선출하고 파키스탄, 방글라데시, 터키 같은 이슬람 국가에서도 국민이 직접 선출한 민선 여성 총리가 배출되었단다. 결국 이슬람의 가르침을 어떻게 잘 해석해서 21세기에 맞게 잘 적용하는가 하는 문제지. 이슬람이 여성을 억압하기 때문에 희망이 없다는 태도는 다른 문화를 바라보는 바람직한 시각이 아닌 것 같아."

양고기 꼬치와 이슬람의 돼지고기 금기

한참을 구경하니 배가 고팠다. 마침 길가에서 지글지글 연기를 내는 양고기 꼬치구이 냄새가 식욕을 자극했다. 마침 점심시간이라 주위에 많은 사람들이 서서 기다리고 있었다.

쇠꼬챙이에 구워진 양고기 조각을 얇은 빵에 싸서 양파와 토마토를 넣어 맛있게 먹었다. 처음 먹어 보는 양고기가 냄새 때문에 약간 찝찝했는데, 무척 부드럽고 맛이 있어 양고기 꼬치구이 집을 지나갈 때마다 군침이 돌았다. 그런데 어디서고 돼지고기를 파는 곳을 찾을 수 없었다. 참 무슬림들은 돼지고기를 먹지 않지! 갑자기 그 이유가 궁금해졌다.

"야스민, 모로코에서도 돼지고기를 먹지 않아?"
"응! 우리는 돼지고기를 절대 먹지 않아."
"알고 보면 정말 맛이 있는 고긴데, 왜 돼지고기를 먹지 않지?"
"꾸란에서 하느님이 금기하신 고기이기 때문이야. 돼지는 더럽고 게으르고 피가 깨끗하지 못해 잘못 먹으면 탈 나기 쉽잖아. 그래서 하느님께서 돼지고기를 먹지 못하도록 하신 것 같아."
"교수님! 추운 지방에 사는 무슬림들도 있는데 무조건 돼지고기를 금기하는 것은 잘 이해가 안 돼요."
"원래 돼지는 유목 생활을 하는 중동 지역에서는 참으로 부적절한 동물이야. 계속 이동해 가야 하는데 물건을 나를 수도 없고, 전쟁이 나도 쓸모가 없지. 무엇보다 양이나 낙타 같은 초식동물은 풍성한 젖을 주고, 이것으로 요구르트, 치즈 유당, 버터 같은 훌륭한 음식 문화를 만들어 내는데 돼지는 인간에게 젖을 주지 못해 식량으로서 가치가 거의 없단다. 또 고기도 건조하기는커녕 부패해서 장기간 보존할 수도 없고, 연료로도 사용할 수가 없단다. 초식동물인 낙타와 양의 똥은 말려서 아주 좋은 연료로 사용된단다. 이런저런 이유 때문에 오래전부터 중동에서는 돼지고기를 먹지 않았고 금기 식품으로 정해 큰 재앙을 막으려 하지 않았을까?"

"그런데 야스민, 넌 돼지를 본 적도 없어? 돼지고기를 파는 곳조차 없단 말이야?"

"찾는 사람이 없으니, 파는 곳도 없겠지. 그러나 두바이나 터키의 이스탄불 같은 외국인들이 많이 사는 대도시에서는 돼지고기를 파는 정육점이 생겨나고 있대."

"민지야! 이처럼 문화는 서로 달라서 이해하지 않으면 자칫 잘못을 저지르기 쉽단다. 이슬람권에서는 돼지고기를 먹지 않고 또 파푸아뉴기니나 남태평양의 섬에서는 광신적으로 돼지를 신으로 숭배하면서 돼지고기를 즐기는 사람들도 있단다. 그러니 무슬림들이 그쪽 사람들을 보면 정말 끔찍한 야만인쯤으로 보일 테고, 남태평양 사람들은 돼지를 혐오하는 무슬림들을 보면 정말 이상한 사람들이라고 고개를 갸우뚱할 것 아니냐."

"교수님! 이런 것을 두고 문화상대주의라고 하지요. 모든 문화는 그 문화만이 갖고 있는 고유한 향기와 색깔이 있어서 그 문화권 사람들의 입장에서 이해해 주자는 태도 말이죠."

"민지가 공부를 아주 열심히 했구나. 문화는 선과 악이나 우열이 아니고 같고 다름의 문제이기 때문에 다른 문화를 무시하거나 열등하게 보지 말고 다르다는 점을 이해하는 것이 중요하겠지."

마라케시 거리 | 쿠툽 모스크

　이왕 모로코에 온 김에 페스를 지나 마라케시로 향했다. 세계
적으로 유명하고 유네스코 세계 문화유산으로 지정된 알 프나 광
장을 꼭 보고 싶었다. 쿠툽 모스크의 특이한 첨탑을 뒤로하고 알
프나 광장으로 갔다. 따로 간판이나 표시가 있는 것도 아니었다.
지나가는 사람들에게 물어볼 필요도 없다. 그냥 사람들이 몰려가
는 곳으로 따라가기만 하면 인파가 가득 찬 넓은 광장이 나타난
다. 지구촌에서 몰려든 온갖 사람들이 서로 어울려서 공연도 하
고, 기념품도 팔고, 풍성한 먹을거리 시장이 펼쳐지고 있었다. 어
느 쪽으로 시선을 돌려도 볼 것이 기다린다. 도대체 여기가 이슬
람을 믿는 모로코라는 생각이 들지 않을 정도였다. 자유롭고 개
방적이고 다양한 얼굴과 문화가 알 프나 광장을 화려하고 아름답
게 꾸미고 있었다.

here

찬란한 고대 문명과
이슬람 문화의 만남

이집트
EGYPT

인류가 만든 최고의 유산 피라미드와 스핑크스로 널리 알려진 이집트. 오래된 문명의 발원지이자 지금은 국민 대다수가 이슬람을 믿는 나라다. 7세기 이후 이집트는 이슬람을 받아들였으나 고대 이집트 문화 전통도 잘 남아 있다. 이집트 수도 카이로에서 이슬람 대학과 고대 유적, 오래된 콥틱 교회까지 이집트 문화를 살펴본다.

이집트 EGYPT

이집트로 가는 동안 내내 흥분이 가라앉지 않았다. 피라미드와 스핑크스 같은 인류 최고의 고대 문명이 숨 쉬는 곳인 데다가 모든 사람이 한 번쯤 가 보고 싶어 하는 곳이기 때문이다.

기자의 피라미드

비행기에서 내려다본 카이로는 굽이치는 나일강을 따라 고층 빌딩과 자동차가 넘치는 1500만 인구를 가진 최첨단 현대 도시였다. 나일강 서쪽으로 우뚝 솟은 피라미드가 세 개 보였다. 그곳은 카이로의 서쪽에 있었다. 공항에 내리자마자 피라미드가 있는 기자로 달려갔다.

안내를 맡은 가말이 친절하게 설명을 해 주었다.

"피라미드는 인류가 만든 최고의 유산이야. 한 면의 길이가 250미터 정도 되니 피라미드 한 바퀴는 1킬로미터나 되지. 무게가 수십 톤에 이르는 돌을 갈고 깎아 5천 년이 지난 지금도 한 치의 오차 없는 완벽한 건축물을 만들었어. 2만 5천 명이 20년 동안 공사에 동원되었다고 해. 250만 톤이나 되는 돌들을 그냥 끌어다 올린 것이 아니고 오목 블록으로 끼워 맞추었다니 돌을 끌어올리는 기중기도 없었던 시대에 어떻게 이것이 가능했을까?"

말문이 막혔다. 아무리 상상력을 동원해도 그 많은 돌을 캐내는 일, 깎고 다듬는 일, 멀리서 돌을 나르는 일, 무엇보다 이렇게 높게 끌어올려 차곡차곡 쌓는 일 등 수수께끼 같은 일이었다. 교수님이 한참 만에 말문을 여셨다.

"민지는 피라미드를 보면서 어떤 생각이 들었니?"
"그저 어안이 벙벙할 뿐이에요. 현대인들이 컴퓨터를 자랑하지만 고대 이집트인들도 컴퓨터 못지않은 기술과 계산력으로 이런 위대한 건축물을 완성했네요. 저는 우리가 좀 더 겸손해져야겠다는 생각이 들어요. 그런데 교수님, 왜 고대 이집트 사람들은 피라미드를 해가 지는 서쪽에다 지었을까요?"
"고대 이집트 사람들은 해가 뜨는 동쪽은 희망과 생명의 땅이고 해가 지는 서쪽은 죽음의 땅이라고 믿었지. 그래서 파라오의 무덤인 피라미드도 해가 지는 서쪽에 건설한 거야. 해가 지는 곳

피라미드

스핑크스

을 그리스 사람들은 네크로폴리스라고 불렀어. 따라서 모든 피라미드는 북쪽에서 남쪽으로 흐르는 나일강을 경계로 서쪽인 네크로폴리스에 있고, 사람들의 거주지나 신전은 모두 나일강 동쪽에 자리를 잡았지. 그럼 스핑크스는 어떤 방향으로 놓여 있을까?"

"그야 피라미드를 지키는 수호신이니까 당연히 동쪽을 향해 있겠지요."

"맞아. 그래서 스핑크스를 제대로 보려면 아침 일찍 일출이 시작될 때 와야 돼. 사하라사막에서 솟아난 첫 햇살이 스핑크스를 비추면 정말 장엄하고 아름답단다."

"이집트에 피라미드만 있는 것은 아니야. 지금은 국민 대부분이 이슬람을 믿고 있고, 이슬람 유적지와 문화유산도 많이 있어."

피라미드에 푹 빠져서 계속 쳐다보는 내 모습을 보고 가말은 이렇게 말하며 우리를 서둘러 카이로로 데려갔다.

카이로 구시가에서 만난 알 아즈하르 대학

카이로에 도착하자 나는 가말에게 질문 보따리를 풀어 놓았다.

"지금 이집트 사람들의 조상이 위대한 피라미드를 만든 사람들이 맞아?"

"여러 민족들이 섞이기는 했지만 이집트 사람들이 계속 이 땅에서 살아왔으니까 우리 조상들이 틀림없을 거야."

"그런데 왜 지금 이집트 사람들은 과거의 영광을 잊어버리고 이슬람교를 믿게 된 거지?"

"7세기경 사우디아라비아의 메카에서 출발한 이슬람의 물결이 이집트까지 몰려오자 많은 이집트 사람들이 이슬람교를 믿게 되었고 지금은 전 국민의 90퍼센트 이상이 믿게 되었지. 그래도 우리 조상들이 이룩한 위대한 고대 문명에 대해서도 잘 가꾸고 보존하려고 노력하고 있어."

그러면서 가말은 우리를 이집트 수도 카이로에서 가장 이슬람의 분위기가 잘 남아 있는 구시가로 데려갔다. 그곳에는 알 아즈하르라는 이슬람 사원이 있었다. 첨탑이 있고 돔의 형태가 북

알 아즈하르 사원과 대학교

아프리카 모스크를 많이 닮았는데, 바로 그 모스크가 세계 최초의 종합 대학교란다. 서기 980년경에 세워진 알 아즈하르 대학은 세계에서 가장 오래된 종합 대학이라는데, 흔히 들어 본 영국의 옥스퍼드와 케임브리지 같은 대학과 미국의 하버드, 예일 대학 같은 명문 대학은 알고 있었지만 알 아즈하르 대학은 처음 들어 보았다.

"교수님 그렇게 유명한 대학이라는데 우리는 왜 처음 들어 보는 거지요?"

"아랍어를 사용하는 나라와 이슬람권에서는 알 아즈하르 대학을 모르는 사람이 없을 정도로 유명한 대학교란다. 이 대학을 졸업한 신학생들은 머리에 빨간 모자를 쓰고 하얀 띠를 둘러 만든 터번을 쓰고 다니는데 길에서나 버스를 타도 누구나 이 사람들에게 존경을 보낸단다. 예배를 인도하는 이맘일 뿐만 아니라 이 나라의 정신적 지도자이기 때문이지."

"그런데 가말, 이맘이 정확히 뭐야? 기독교에서 목사 같은 분인가?"

"이맘은 예배를 인도하는 사람이라는 뜻이야. 그래서 우리나라의 이맘은 모두 직업을 가지고 생활하다가 예배 시간이 되면 모스크에 와서 예배를 인도하는 일을 하시지. 이슬람교에서는 성직자 제도를 인정하지 않고 모든 사람이 신 앞에 평등하다고 믿기 때문에 따로 성직자를 두지 않아. 그래서 성인 남성이면 모두 이맘이 될 수 있지. 물론 예배를 인도할 만큼 이슬람 지식도 있어야 하고 설교를 하려면 꾸란이나 의례도 배워야 되지.”

“그런데 교수님! 이란에서는 이맘 호메이니가 굉장한 분으로 존경받고 권위가 대단하지 않아요? 성직자도 없고 모두가 이맘이 될 수 있다는데 왜 이란에서는 호메이니 앞에만 이맘이란 칭호를 붙이나요?”

“참 어려운 질문이구나. 이슬람교에서는 순니파와 시아파, 이렇게 두 종파가 있단다. 순니파에서 이맘은 단순히 예배를 인도하는 역할이지만, 시아파에서 이맘은 신을 대리하는 막강한 종교적 권위와 존경을 받는 성직 계급이 되어 버렸단다. 그래서 시아파를 믿는 이란에서 이맘의 의미는 다르단다. 시아파의 이맘은 잘못을 범하지 않는 최고의 인간으로 죽지 않고 사라진다고 믿어. 언젠가는 구세주가 되어 이 세상을 구원하러 온다고 믿고 있지. 이란 사람들은 이슬람의 마지막 예언자 무함마드로부터 출발하여, 그분의 혈통을 잇는 열두 명을 이맘으로 부르고 있고, 그들이 구세주로 다시 올 날을 기다리고 있단다.

호메이니는 팔레비 왕의 독재 때문에 이란 국민들이 고통에 시달리고 있을 때, 폭력에 저항하고 민중을 위해 싸우며 이란 국민들에게 새로운 희망을 가져다준 사람이지. 그래서 많은 이란 사람들이 이분을 이맘으로 생각하고 부르게 되면서 오늘날 ‘이맘 호메이니’라는 호칭이 생겼지만, 엄격히 말하면 호메이니는 이맘은 아닌 셈이지. 순니파와 시아파의 차이는 다음에 다시 이야기하도록 하자."

"시아파의 이맘은 권위를 가진 최고의 종교적 직책인데 순니파의 이맘은 단순히 예배를 인도하는 사람이구나. 그럼 나도 크면 이맘이 될 수 있겠네요."

"그야 물론 개종하고 이슬람 공부를 하면 이맘이 될 수 있지."

"그런데, 가말, 난 여자인데, 여자도 이맘이 될 수 있어? 이집트에 여성 이맘이 있어?"

"물론 여자끼리 예배 볼 때도 예배를 인도하는 여성 이맘이 있어야지. 그런데 남녀 공동으로 예배 볼 때는 반드시 남성 이맘이 예배를 인도해야 돼. 남녀가 함께 예배 볼 때도 서로 섞이면 안 되고. 모스크마다 구조가 다르지만, 여자는 남자의 뒤에서, 좌우로 칸막이를 만들어 예배 장소를 따로 만들거나 아예 1층, 2층으로 나누어 남녀 예배 장소를 구분하기도 해."

예배가 생활인 무슬림들

카이로 박물관을 가기 위해 시내로 나오니 사람들의 행렬이 끝없이 이어진다. 그 사이로 자동차가 쉴 새 없이 경적을 울리며 사람들을 길에서 몰아내려 하고 그 사이로 노새와 마차가 끼어들어 도시는 잠시도 숨 돌릴 틈도 없이 바삐 돌아간다. 말로만 듣던 카이로의 도시 풍경이다.

"가말, 도대체 카이로 인구가 얼마나 돼? 이렇게 많은 인파를

카이로 구시가 | 노새가 끄는 마차

상상해 보지도 못했어."

"나도 잘 몰라. 어떤 사람은 1200만이라고 하고 어떤 사람은 2천만이라고도 해. 매일 농촌에서 카이로로 올라오는 사람들 때문에 도시 교통이 정말 엉망이야. 차를 타면 바로 눈앞에 보이는 장소인데도 한 시간 이상씩 걸리는 것이 보통이야. 세계 최대 도시임에는 틀림없을 거야."

그 많은 사람들이 움직이는 가운데에도 시내 광장 곳곳 빈 공간에서 사람들이 신문지를 깔고 삼삼오오 예배를 드리는 모습이 인상적이었다. 앞줄에 선 사람들의 동작에 맞추어, 두 팔을 배 위에 얹고 한참 동안 기도를 한 다음 고개를 숙여 무릎에 두 손을 얹고 한참 있다가 다시 고개를 편 후 무릎을 꿇고 이마와 코를 땅에 대고 큰 절을 한다. 자세히 살펴보니 이렇게 네 차례를 반복하였다.

"가말, 왜 사람들이 모스크에 가지 않고 길에서 예배를 드리는 거야? 그리고 예배 시간이 따로 있을 텐데 왜 다른 사람들은 그냥 걸어가는데 저 사람들만 예배를 드리고 있지? 이슬람의 예배는 너무 복잡한 것 같아. 매일 다섯 번씩이나 어떻게 예배를 드리고 산다는 거야. 언제 일하고 돈을 벌지? 예배 드리다가 하루 다 가겠다."

"하루 다섯 번 예배 보는 것은 맞아. 그것은 알라가 명한 가장 중요한 이슬람의 가르침이야. 그래서 모든 무슬림들은 반드시 하루 다섯 차례 예배를 드려야 해. 첫 예배는 해가 뜨기 전 새벽에 드리고, 두 번째는 낮 예배로 보통 12시에서 1시 사이 정도 돼. 오후 예배는 3시에서 4시 사이, 그리고 네 번째 예배는 일몰 때 드리는데 그날 해 지는 시각이 예배를 드리는 시간이야. 마지막 다섯 번째 예배는 밤에 취침 전에 하면 돼. 예배가 매우 귀찮고 시간이 많이 뺏길 것 같지만, 한 예배당 십 분 정도이니 모두 합해야 한 시간을 넘지 않아. 하루 한 시간씩 하느님을 향해 올바로 살겠다고 다짐하고, 자신을 채찍질하는 시간이야."

"그래도 어떻게 일을 하다가 예배 시간을 정확히 맞춘다는 거야. 예배가 무서워서라도 이슬람 믿기 힘들겠다. 근처에 모스크도 잘 보이지 않는데, 시간도 너무 많이 뺏기고 귀찮을 것 같아."

"보통 예배 시간은 다음 예배가 시작되기 전까지만 보면 돼. 예를 들면 낮 예배를 놓쳐 버리면 다음 예배 시간인 오후 3시에서 4시 전까지만 보면 되니까 충분한 시간이 있어. 열심히 일하다가 잠깐 십 분 정도 틈을 내어 휴식과 운동을 겸해 예배를 본다고 생각하면 돼. 또 여행 중이거나 몸이 불편할 때는 두 예배를 합쳐서 반으로 줄여 보기도 하고, 약식으로 보기도 해. 반드시 모스크에 가지 않아도 아무 깨끗한 공간에 자리를 마련하고 혼자서 혹은 지나가는 사람들과 함께 잠시 예배를 보면 되니까 불편하다기보다는 마음의 문제인 것 같아."

"이야기를 들어 보니 이집트 사람들의 신앙심은 높이 사 줘야 할 것 같아요. 교수님! 예배를 보면 어쩐지 좋은 일이 많이 생길 것 같은데요."

"그래! 잘 보았다. 이슬람의 기본 정신은 잘못을 저지른 다음에 용서를 구하고 회개하는 신앙보다는 잘못을 저지르지 않는 것이지. 그래서 매일매일 자신의 삶을 보살피도록 가르치고 있단다. 하루 다섯 번의 예배는 항상 하느님을 생각하면서 잘못을 미리 막게 하는 예방적 역할을 한단다. 그래서 이슬람 사회에서 범죄율은 다른 서구 사회와는 비교되지 않을 정도로 미미하단다."

"그런데 이상하게도 길거리에 허리가 꾸부러진 할아버지나 할머니들이 잘 보이지 않아요."

"매일 다섯 번씩 이마와 머리를 땅바닥에 대고 예배를 드리게 되면 얼마나 규칙적인 운동이 되겠니? 예배는 일종의 국민체조인 셈이지. 그래서 이슬람 사회에서는 다른 나라와는 달리 어른들의 허리 통증이나 신경통, 류머티스 병이 적은 것 같더구나. 아마도 예배 덕분인 것 같아."

휴일인 금요일 낮 12시경. 카이로의 무함마드 알리 모스크에는 수만 명의 인파가 몰려들고 있었다. 이슬람을 믿는 나라들 대부분은 금요일이 휴일이다. 유대교가 토요일, 기독교가 일요일을 휴일로 하는 것과 대비된다. 특히 금요일 낮 예배 때는 모든 사람들이 개인 예배보다는 모스크에 모여 합동 예배를 드린다. 형제애를 나누고 정보를 교환하고 가끔은 시장이 형성되어 거래가 이루어지기도 한다. 금요일 예배 때는 이맘이 모스크에서 설교를 하고 반드시 모든 신자들이 모여 함께 예배를 드린다.

무함마드 알리 모스크

곱틱 교회

많은 가게와 식당, 박물관 들이 문을 닫기 때문에 금요일 오후에는 카이로 남쪽에 있는 곱틱 교회 마을을 방문하기로 했다. 이집트는 무슬림들만 있는 것이 아니고 5백 만이 넘는 초기 기독교도들이 살고 있었다. 돔을 가진 꼭대기에 십자가만 아니면 바깥 모습은 모스크와 크게 다르지 않았다. 그들은 참 친절했다. 한국에서 왔다는 말에 교회 내부까지 자세히 안내를 해 주었다.

"90퍼센트가 무슬림들인 이집트에서 소수 종교를 믿는 것에 어려움은 없나요?"

교회를 지키는 목사님 같은 분이 인상적인 대답을 해 주셨다.

곱틱 교회 입구

"우리는 아랍어를 모국어로 사용하는 아랍인이자 이집트인입니다. 다만 신앙만이 다를 뿐이지요. 수백 년간 함께 이웃으로 살아왔기 때문에 불편함보다는 서로 상부상조하는 협력의 정신이 훨씬 강합니다. 어차피 기독교나 이슬람교는 같은 하느님을 믿기 때문에 형제의 종교라는 생각을 합니다."

"그래도 차별이나 종교적 박해가 있을 텐데요."

"눈에 보이는 차별은 없습니다. 우리는 손바닥에 십자가를 문신해서 다니면서 우리가 크리스천이라는 것을 서로가 확인하면서 살아가지요. 그리고 크리스천끼리 철저히 도우며 우리끼리 공동체를 이루고 살아갑니다."

난생처음 들어 보는 생소한 곱틱 교회에 용기를 내어 들어가 보았다. 놀랍게도 교회 정면에는 낯선 예수님 모습이 나를 지켜보고 있었다. 그 모습은 내가 흔히 교회에서 보던 모습과는 딴판이었다. 얼굴이 검고, 까만 곱슬머리에 수염이 덥수룩하고 눈이 깊고 오묵한 모습은 꼭 아랍인들을 닮았다. 그 의문을 교수님께서 속 시원히 대답해 주셨다.

"원래 아랍인과 유대인은 같은 언어적, 종교적 뿌리를 가진 셈족 계통이란다. 따라서 유대인이었던 예수님도 아랍인과 같은 셈족 출신이지. 그런데 5세기 말, 서로마 제국이 게르만의 오도아케르에게 멸망한 후, 로마를 지배하던 게르만 민족들에게 기독교를 전파할 목적으로 십자가가 만들어지고, 예수와 성모마리아의 초상화가 그려지게 되었단다. 당연히 게르만족들에게 기독교를 전파하기 위한 목적에서, 예수님과 성모마리아 등은 철저히 게르만 민족처럼 외양 묘사를 한 것이란다. 백옥 같은 하얀 얼굴에 푸른 눈동자와 늘어뜨린 블론드 머리카락을 가진 예수님 모습이 표준 성화가 되어 오늘날까지 받아들여지고 있지. 그런 점에서 곱틱 교회에서 만나 본 예수님이야말로 가장 원형 예수님에 가까운 모습일지도 모르지."

움 쿨숨의 박물관

다시 카이로에 돌아온 날, 휴일인데도 시내에서 얼마 떨어져 있지 않은 나일강변의 자그만 정원 박물관에 많은 사람들이 줄지어 서 있는 모습이 눈에 띄었다. 가까이 가서 보니 움 쿨숨의 박물관이라 한다. 움 쿨숨, 정말 처음 들어 보는 이름인데도, 이집트 사람들에게는 어린아이이건 어른들이건 이 이름을 모르는 사람은 거의 없을 정도로 유명하다. 궁금해서 가말에게 물었다.

"움 쿨숨이 누구야? 어떤 인물이기에 그를 위한 박물관을 짓고 휴일인데도 이렇게 많은 사람들이 줄을 지어 기다리고 있지?"
"이집트, 아니 아랍 세계가 낳은 가장 위대한 가수, 전설적인 여자 가수의 이름이야. 움 쿨숨이란 이름만 들어도 아랍 사람들은 어깨가 들썩이고 마음 깊은 곳에서 음악이 흘러나오는 듯한 낭만을 느낀다고 해. 가장 아랍적인 멜로디로 영혼을 울리는 가

움 쿨숨 박물관

수라는 평을 받았던 움 쿨숨은 전쟁과 갈등으로 이어진 중동 현대사에서 음악으로 아랍 세계를 통일한 민족주의 가수이기도 해. 그녀는 이미 세상을 떠났지만, 그녀가 남긴 '천일야화'라는 음악은 지금도 아랍 세계 전역에서 매일처럼 들려오는 가장 친숙한 노래야."

참으로 부러웠다. 한 나라에 이처럼 국민 모두가 존경하고 부러워하는 가수가 있다는 사실이. 그리고 가수를 위한 박물관이 건립되고 가수의 동상이 큰길가에 세워져 길 이름이 '움 쿨숨 거리'로 명명되어 기억되고 있다는 사실도 놀라웠다.

"그런데 교수님! 이슬람에서는 음악을 금지한다고 어떤 책에서 읽은 기억이 나는데, 어떻게 한 가수를 이토록 화려하게 기억하고 그 노래를 즐겨 들을 수 있는 거지요?"

"좋은 질문이다. 이슬람 최고의 음악은 역시 꾸란 낭송이란다. 신의 목소리를 소리 내어 읊는 것이야말로 누구도 흉내 낼 수 없는 가장 신성하고 가장 고귀한 신의 음성이고 그것이 최고의 음악인 셈이지. 그런 음성을 가진 가수가 바로 움 쿨숨이고. 내용도 신을 찬미하는 것이기 때문에 일반 무슬림들은 움 쿨숨의 노래를 즐기게 된 거야. 그리고 많은 무슬림 국가에서는 꾸란이 최고의 음악이라는 것을 받아들이면서도 신을 찬미하는 노래를 '일라히' 라 하여 즐겨 부르고 있단다."

"그럼 미술은 허용되나요?"

"이슬람 미술의 특징은 어떤 사람이나 동물을 그리거나 조각하는 것을 금지한 것이란다. 인물이나 동물들을 사실적으로 그려 놓으면 그것을 섬기고 믿을 가능성이 있기 때문에 우상숭배를 철저히 금지하는 이슬람의 가르침에 따라 그것을 못 하게 했단다.

카이로 박물관 입구

아라베스크 문양

대신 꽃과 나무, 하느님의 말씀이 담긴 아랍어를 기하학적으로 멋지게 디자인하여 모스크 벽면이나 천정을 장식했지. 이게 뭔지 알지 민지야?"

"아라베스크 문양 아닌가요?"

"그래! 맞았어. 인물과 동물들을 사용하지 않고도 반복과 대칭 기법을 사용하여 꽃과 식물들을 묘사한 아라베스크는 전형적인 이슬람 예술로 후일 인도나 중앙아시아는 물론 유럽 미술에도 큰 영향을 끼치게 되었단다."

그러고 보니 서점이나 박물관 기념품점, 길가에서 온통 파피루스 그림만 팔고 있었다. 이집트에서는 일찍부터 상형문자를 고안하여 사용하였고 이집트 역사를 파피루스라는 종이 위에 아름다운 그림과 글자로 남겨 놓았다.

파피루스는 나일강변에 자라는 갈대 종류로 바깥의 딱딱한 껍질을 벗겨 내고 안쪽의 연한 섬유질을 얇고 편평하게 잘라 붙여 만든 종이이다. 기원후 1000년경 중국 종이가 소개되어 파피루스 산업이 무너질 때까지 약 4천 년간 인류의 지식과 지혜를 표현하던 캔버스였다. 그래서 종이라는 뜻을 가진 영어 단어 'paper'가 파피루스papyrus에서 유래되었다고 한다.

이처럼 이집트는 고대 문명과 이슬람이 함께 공존하는 나라였다. 독실한 무슬림들이 아랍 세계의 학문과 문학, 예술의 중심을 이루면서, 고대 이집트 문명에 대한 자부심과 보존을 위해서 남다른 노력을 아끼지 않고 있었다.

페르시아제국 중심지,
시아파 이슬람 사회

이란

IRAN

이슬람 혁명으로 유명한 나라 이란. 정치보다 종교가 우위에 선 독특한 이슬람 사회에서 사람들이 어떻게 살아갈까? 페르시아제국의 중심지로 화려한 고대 문명을 꽃피웠고, 현재 시아파 이슬람 대표 국가인 이란에서 순니파와 시아파로 구분되는 이슬람의 차이에 대해서 알아본다. 덤으로 세계적 문화유산 이스파한과 체헬스톤의 아름다운 모습도 살펴본다.

이란 IRAN

이란을 간다니까 친구들은 무서운 생각이 든다고 했다. 아마 이슬람 혁명을 성공시킨 나라고 미국으로부터 테러 지원국으로 분류된 나라이기 때문일 것이다. 나는 생각이 달랐다. 페르시아 제국의 중심지로 찬란한 역사가 흐르는 이란, 지금은 이슬람교의 시아파 중심 국가로서 독특한 문화가 살아 숨 쉬고 있을 것 같은 느낌이 들었다.

종교가 우선이다 – 이맘 호메이니 광장

비행기가 테헤란 공항에 도착하자 이맘 호메이니의 큰 초상화가 눈길을 끌었다. 그러고 보니 공항 이름도 이맘 호메이니 국제 공항이다. 역시 이슬람 혁명의 나라다웠다. 새로 지은 공항은 넓고 깨끗했으며 사람들이 붐비지 않아 매우 쾌적했다. 고급 상품들이 진열된 면세점에 술이 하나도 없는 것이 인상적이었다.

출입국 관리들도 친절하고 한국에서 왔다니까 대뜸 '양굼'을 아느냐고 물었다. "양굼? 글쎄요." 그런 다음 그 사람들은 '주몽'을 아느냐고 물었다. 그제서야 이란에서 한국 드라마가 인기를 끌고 있음을 알았다. '양굼'은 다름 아닌 대장금을 일컫는 말이었다. 이란 사람들은 'j' 발음을 'y'로 한다. 그래서 장금jangum을 자기 식으로 '양굼'으로 발음한 것이다. 아무튼 첫 만남부터 한국에 대한 큰 관심을 보여 주고 우리를 잘 맞아 주어 기분이 좋았다. 짐을 찾아 나오니 공항 밖에는 후세인이 우리를 기다리고 있었다.

"앗쌀라무 알라이쿰! 내 이름은 후세인이야. 먼 길에 힘들지 않았니?'

"반가워, 난 민지라고 해. 그런데 '앗쌀라무 알라이쿰'이라는 인사는 사우디아라비아나 다른 이슬람 국가에서도 똑같이 들었던 인사말인데 이란에서도 이 말을 쓰니?'

"'신의 평화가 당신에게 깃드소서!'라는 좋은 인사말이야. 모든 무슬림들은 언제 어느 곳에서고 만나면 이렇게 인사를 나눈다."

항상 평화라는 단어를 24시간 끌어안고 사는 무슬림들! 그런데 왜 무슬림들은 항상 전쟁과 갈등에 휩싸이고 있을까? 왜 자살 폭탄 테러나 끔찍한 전쟁이 이슬람 국가에서 유독 많이 발생할까? 그래서 많은 사람들이 이슬람이 전쟁과 폭력의 종교라고 말하는 것이 아닌가? 궁금한 것이 너무 많았지만 차츰 하나씩 물어보기로 했다.

후세인이 우리를 맨 처음 데려간 곳은 테헤란 중심가에 있는 이맘 호메이니 광장이었다. 평일인데도 많은 사람들이 오가고 시내 곳곳에는 이맘 호메이니와 또 한 사람의 성직자가 그려진 대형 현수막이 나란히 걸려 있었다.

"또 한 분 안경 끼고 하얀 수염을 기른 분은 누구야?"

"바로 이란의 최고 성직자이고 최고 통치자인 하메네이야."

"아니, 성직자가 최고 통치자면 대통령보다도 높다는 말이야?

이맘 호메이니 간판 | 이스파한에 있는 이맘 호메이니 광장

대통령은 국민이 뽑지 않아?"

"우리나라에서는 최고의 성직자가 대통령보다 더 높아. 왜냐하면 최고 지도자는 신의 법인 이슬람에 따라 통치하는 사람이고 대통령은 신의 법에 따라 정치를 하는 사람이기 때문이지."

"아니, 교수님 아무리 그래도 국민이 직접 뽑은 대통령이 종교 지도자의 간섭을 받다니요. 이건 민주주의 정신에 어긋나잖아요."

"민지 생각이 옳아. 그러나 정통 이슬람 사회에서는 종교와 정치가 하나로 묶여 있단다. 인간의 삶이 신의 가르침에 따라 이루어지기 때문에, 종교 따로 정치 따로는 될 수 없다는 거지. 따라서 꾸란의 계율이 일반 법보다 우선이 될 수밖에 없는 거지. 그렇다고 모든 이슬람 국가가 이처럼 종교와 정치가 하나 된 소위 신정정치를 펼치는 것은 아니야. 오히려 이란만이 독특한 체제를 유지하고 있고 다른 이슬람 국가들은 왕이나 대통령이 최고의 권위를 가지고 종교에 우선하고 있단다."

"후세인. 이 광장이 테헤란의 중심이야? 사람들이 굉장히 많고 자동차도 엄청나게 많은데 도대체 테헤란 인구가 얼마나 되는 거야?"

"약 1천만 정도야. 이란 전체 인구가 7천만 명이 넘으니까 15퍼센트가 테헤란에 사는 셈이지. 그래서 하루 종일 교통 체증이 심해. 이 광장은 특별한 의미가 있는 곳이야. 바로 이곳에서 1979년 이슬람 혁명이 일어났거든."

"1979년 이슬람 혁명. 도무지 잘 모르겠어. 왜 혁명이 일어났고, 하필이면 이슬람 혁명이야. 누구를 상대로 혁명을 일으킨 거야?"

"내가 태어나기도 전 일이니 이건 교수님께 여쭤 보자."

"이란에는 오랫동안 팔레비 왕가가 지배를 했어. 미국과 서구 자본을 끌어들여 근대화를 이루었지만, 엄청난 석유 자본으로 왕실과 그 주변 권력자들만 배불리 살고 많은 서민들은 고통을 받았지. 더욱이 지나치게 서양을 모방하고 따라갔기 때문에 이란의 전통과 이슬람의 가치가 많이 망가졌단다. 참다못한 시민들이 저항을 했지만 악명 높은 비밀경찰을 동원해 고문과 박해를 일삼았단다. 바로 이때 국민의 편에서 팔레비 왕가에 저항하고 싸운 인물이 호메이니란다.

호메이니는 팔레비 왕가의 샤에게 박해를 당하고 이라크나 프랑스 파리로 쫓겨나 망명 생활을 하면서도 이란과 국민들을 위해 투쟁을 포기하지 않았단다. 드디어 1979년 2월 10일, 호메이니는 목숨을 걸고 파리에서 비행기를 타고 이란으로 귀국해서 국민들과 함께 혁명을 일으켜 팔레비 정권을 무너뜨리고 이슬람 정권을 세웠단다. 그러면서 무너진 이슬람의 정신을 되찾는 정책을 펴고 반서구, 특히 반미 정책을 펴면서 서방 세계와 불편한 관계에 놓이게 되었지."

"민지야! 바로 네가 서 있는 곳이 호메이니와 함께 이란 국민들이 이슬람 혁명을 일으켰던 장소야. 팔레비 정부군이 쏘는 총과 탱크 공격에 수만 명의 시민들이 피를 흘리며 죽어 갔던 곳이야. 히잡을 둘러쓴 여성들과 학생, 어른 모두가 한마음이 되어서 독재 정권을 무너뜨리고 시민 정부를 세운 곳이지. 그래서 이란 사람들은 이 광장을 죽음의 광장이라고 부르기도 해."

순니파와 시아파

"후세인은 시아파에서만 쓰는 이름이니?"

"그렇지는 않아. 네 번째 칼리프인 알리의 아들이니까. 순니파에서도 쓰지만 시아파에게 특별한 의미가 있는 이름이야."

"잘됐다. 순니파와 시아파. 이번 기회에 그 차이를 알고 싶어. 그리고 후세인이 갖는 의미도 궁금하고."

"이슬람의 마지막 예언자 무함마드가 사망한 후 누구를 후계자로 할 것인가를 놓고 논쟁이 있었어. 일부에서는 무함마드의 혈족으로 후계자를 삼아야 한다고 주장했지만, 당시 부족장 대표들로 구성된 회의에서 만장일치로 아부 바크르를 후계자로 뽑았어. 아부 바크르가 죽자 같은 방식으로 후계자를 뽑아 우마르, 우스만 등이 차례로 후계자가 되었지.

무함마드의 후계자는 종교적 카리스마와 일반적인 권력을 모두 갖는 막강한 통치자였어. 이를 칼리프라고 불러. 그런데 무함마드의 유일한 부계 혈족이었던 사위이자 사촌동생인 알리가 있었어. 뛰어난 공을 세우고 무함마드가 매우 아끼던 제자였음에도 겨우 4번째 후계자인 칼리프가 되었고, 그것도 얼마 가지 않아 반대파에게 죽임을 당하고 말았지.

무함마드와 그 혈족으로 이슬람 전통이 이어져야 한다고 믿었던 사람들 입장에서는 분통이 터질 노릇이었지. 무엇보다 서기 680년 이라크 북부 카르발라에서 알리의 아들인 후세인이 전쟁에서 패배해 무참히 살해당하는 비극적인 사건이 생겨나고 말았지. 이 사건으로 알리와 그 아들 후세인을 추종하던 많은 사람들이 이탈해 시아파를 만들게 된 거야. 자연히 이탈하지 않고 남아 있는 사람들은 순니파로 알려지게 되었어. 이렇게 보면 순니와 시아는 종교적 차이로 갈라진 종파라기보다는 정치적 이해관계 때문에 생긴 정파라고 이해하는 게 좀 더 적절할 거야."

"응. 그래서 후세인에 대한 동정과 집착이 강하겠구나. 네 이름 후세인도 그렇게 붙여진 이름이고. 교수님, 지금 시아파를 믿는 나라가 이란 말고 또 있나요?"

"이슬람 세계 전체 인구 중 약 10퍼센트가 시아파를 믿고 있어. 이란 말고도 바레인, 이라크, 타지키스탄, 우즈베키스탄, 아프가니스탄 같은 나라에 시아파들이 많이 살고 있단다. 그런데 대부분의 나라에서는 순니파와 시아파가 함께 예배도 보고 결혼도 서로 하기 때문에 우리가 생각하는 만큼 그렇게 서로 미워하고 거리를 두고 있다고 생각하면 안 돼."

이스파한과 체헬스툰

이란에 가면 가장 이슬람적이고 가장 이란적인 정서가 많이 남아 있는 이스파한을 꼭 보고 가야 한다. 그래서 우리는 차를 타고 16세기 사파비 왕조의 수도였던 이스파한으로 달려갔다. 이스파한은 '네스페 자한(세상의 절반)'이란 별칭이 붙어 있다. 그만큼 아름답고 역사적 유적이 풍성한 곳이다.

이스파한의 중심 광장 이름도 이맘 호메이니 광장이다. 광장 연못에는 분수가 솟아오르고 까만 차도르를 쓴 여인들이 가족들과 함께 산책하거나 벤치에 앉아 차를 마시고 있었다. 1612년에 건설되었다는 광장은 길이가 자그마치 500미터, 너비는 160미터나 되는 세계에서 모스크바 광장 다음으로 두 번째로 큰 광장이라 한다.

이 광장에서 눈에 띄는 세 개의 건물이 있다. 이스파한을 대표하는 이맘 모스크, 이란 건축물의 걸작인 세이크 로트폴라 모스크, 그리고 알리카푸 궁전이다. 그리고 세계에서 가장 촘촘하게 짠 페르시아 카펫을 파는 바자르가 인접해 있으며, 모스크 주변으로 수백 년 전통을 이어 가는 장인들의 가게가 늘어서 있다. 이스파한의 이맘 호메이니 광장은 1979년 유네스코 세계 문화유산으로 등록되었다. 이제 이스파한을 보았으니 세상의 절반을 본 셈이다. 우리가 이스파한의 아름다움에 빠져드는 것을 본 후세인도 덩달아 신이 났는지 또 다른 곳으로 우리를 안내했다.

"민지야! 체헬스톤 궁전으로 데려다 줄게. 아마 그곳도 네가 좋아할 거야."

이스파한 이맘 모스크 입구

화려한 이맘 모스크의 장식

　체헬스톤 궁전은 이맘 광장을 나와 한 블록 서쪽에 있었다. 아름다운 정원으로 유명한 사파비 왕조의 대표적인 궁전이라고 한다. 분수가 있는 기다란 연못과 소나무가 울창한 정원 사이로 동양적인 처마가 돋보이는 궁전이 소박한 모습으로 우리를 반긴다.

"후세인, 체헬스톤이 무슨 뜻이야?"

"응, 이란 말로 사십 개의 기둥이란 뜻이야."

"그런데 아무리 세어 보아도 기둥이 스무 개밖에 없는데, 나머지 스무 개는 어디 있지?"

"연못 속에 똑같이 스무 개 기둥이 있잖아."

아차, 물속에 또 다른 스무 개가 비치고 있구나. 이란 사람들의 문학적 사고와 낭만적 깊이가 돋보였다. 궁전 안 벽면에는 사파비 왕조의 압바스 1세와 우즈벡족의 전투 장면과 투르크메니스탄 왕을 영접하는 연회 장면이 세밀화로 그려져 있다. 화려한 채색과 역동적이고 사실적인 묘사는 소문대로 과연 페르시아 벽화의 압권이었다.

"교수님! 이슬람교에서는 우상숭배를 금지하기 때문에 인물이나 동물을 그리거나 조각으로 만들지 못한다고 들었는데, 이란은 시아파라서 그런가요, 벽화에 인물화도 보이고 동물들도 너무 역동적으로 그려져 있는데요. 왜 그렇죠?"

"참, 좋은 질문이다. 이슬람이 아랍을 지나 아랍어를 사용하지 않는 이란과 터키 쪽으로 전파되어 가자 일반 사람들은 어려운 아랍어를 이해할 수 없어 꾸란의 가르침이나 신의 말씀을 배울 수가 없었지. 그래서 그림으로 설명하거나 왕들의 업적을 글자를 모르는 백성들에게 그림으로 남기려 했어. 이것을 세밀화라고 한단다. 사람이나 동물을 실제보다 아주 작게 그리고, 원근이나 입체감을 주지 않아 살아 있는 것 같은 분위기를 만들지 않으려고 했지. 마치 살아 있는 사람처럼 그려서 자칫 우상숭배로 빠질 것을 두려워했던 거지. 이슬람의 금지와 그림이나 조각으로 표현하고픈 예술적 욕구가 잘 조화를 이룬 것이 바로 세밀화라고 할 수 있지."

"그럼 아랍 국가들보다는 아랍 국가가 아닌 곳에서 세밀화가 더 발달했겠네요."

"그렇단다. 세밀화가 가장 발달한 나라는 이란이고, 이란의 영향을 받아 터키와 중앙아시아, 인도 이슬람 사회에서도 세밀화가 크게 발달했단다."

아슈라의 날

이스파한에서 비행기를 타고 테헤란으로 돌아오자 길거리에
는 수많은 사람들로 북적거렸다. 머리에는 녹색 띠를 두르고 모
든 여인들은 검은색 차도르를 쓰고 큰 소리로 기도를 하면서 길
거리를 행렬을 맞추어 지나가고 있었다. 모든 사람들의 표정은
하나같이 깊은 슬픔에 잠겨 있었고 때때로 손수건으로 눈물을 훔
치며 흐느끼는 사람들도 있었다.

어떤 행렬은 쇠사슬이 달린 체인으로 자신의 몸을 스스로 아
프게 내리치며 알지 못하는 소리를 내면서 행진하고 있었다. 너

아슈라의 날 이란 사람들의 슬픈 모습

무도 이상하고 이해할 수 없는 광경을 보고 충격을 받았다. 나도
얼른 검은 차도르를 둘러쓰고 조용히 후세인에게 물었다.

"저 사람들, 지금 뭘 하는 거야?"
"오늘부터 '아슈라의 날' 이 시작되거든."
"아슈라의 날? 도대체 무슨 날인데 사람들이 저토록 슬퍼하며
길거리에 나왔어?"
"응! 바로 알리의 아들 후세인이 적들에게 살해된 날이야. '애
도의 날' 이라고도 불러. 그때 사람들이 예언자의 혈통인 우리의
지도자 후세인을 지키지 못한 것을 후회하며 그 당시 그분이 겪
었던 고통을 재현하며 스스로 그 고통을 맛보려는 것이야."
"그래서 저 사람들이 스스로 채찍으로 자신을 때리는구나."
"내 이름도 후세인이지만, 순교한 후세인은 시아파 이란 사람

후세인의 모습

들에게는 없어서는 안 될 소중한 존재
가 되었지. 그래서 아슈라의 날을 정
해 해마다 1주일 동안 온 국민이 슬픔
에 잠겨 그분을 기억하고 기념하고 있
단다."

길거리에는 온통 녹색 깃발이 나부
끼고 녹색 머리띠를 한 잘 생긴 후세
인의 사진이 온 시내를 뒤덮고 있었

다. 1400여 년 전 옛날 인물을 중심으로 온 국민이 함께 모이고 뭉칠 수 있다는 것이 쉽게 이해되지 않았지만, 한편 이란 국민들이 대단하다는 생각도 들었다.

아프리카 전통과 이슬람의 만남

탄자니아

TANZANIA

아프리카에도 이슬람이 많이 퍼져 있다는 사실을 알기는 쉽지 않다. 북아프리카뿐
아니라 사하라사막 남쪽 지역까지 해안가를 따라 이슬람 문화는 널리 퍼져 있다.
아프리카에 자리 잡은 이슬람을 알기 위해 세렝게티 국립공원으로 유명한 탄자니
아로 간다. 아프리카의 전통 풍습과 이슬람 전통이 조화롭게 어우러져 있는 모습을
확인하면서, 서구 제국주의의 침략으로 인한 노예무역의 아픈 역사까지 알아본다.

탄자니아 TANZANIA

아프리카에도 이슬람이 많이 퍼져 있다. 우리가 이미 지나왔던 모로코를 중심으로 북아프리카 전역은 이미 이슬람화가 되었지만 사하라사막 남쪽의 블랙 아프리카에도 이슬람은 최대의 종교다. 어떻게 이슬람이 아프리카에까지 널리 전파되었을까?

이런 궁금증을 안고 동부 아프리카의 대표적인 이슬람 국가인 탄자니아로 날아갔다. 탄자니아에 가기 위해 일단 두바이로 갔다. 두바이를 출발한 비행기가 탄자니아의 수도 다르 에 살람 공항으로 다가가자 연한 푸른빛을 내는 인도양이 눈앞에 펼쳐졌다. 아프리카의 인도양이다.

아프리카에 자리 잡은 이슬람

탄자니아의 수도 다르 에 살람 공항에 비행기가 내렸다. 탄자니아에서 우리의 길잡이가 되어 줄 무사망가가 유난히 하얀 이를 드러내며 웃음으로 우리에게 손짓했다. 우리가 짐을 찾고 공항을 나오자마자 무사망가는 아랍식으로 나를 껴안고 양 볼을 맞추었다. 나는 순간 당황해서 어쩔 줄을 몰랐다. 아랍에서는 무슬림들이 남녀끼리 절대로 볼을 맞추며 인사하는 것을 본 적이 없었던 것이다.

"반가워, 난 민지야. 탄자니아 무슬림들은 매우 개방적인 것 같아. 서로 남녀끼리 자유롭게 인사를 나누고."
"아프리카의 이슬람은 그렇게 보수적이거나 폐쇄적이지 않아. 어차피 서로 다른 수많은 종족들과 종교를 가진 사람들이 함께 살아가고 있거든. 서로 자기 것만 고집할 수 없잖아."

다르 에 살람 전경

"아! 그렇구나. 다르 에 살람. 수도 이름이 꽤 긴데 무슨 뜻이 있니?"

"아랍어로 '평화의 도시' 라는 뜻이야."

다르 에 살람은 이름 그대로 정글 속에 있는 가난한 아프리카 라는 이미지보다는 깨끗하고 아담한 평화로운 도시였다. 길에서 만난 사람들은 내가 한 번도 들어 보지 못한 말로 서로의 안부를 묻고 인사를 나누고 있었다. 아프리카 사람들은 어떤 말을 할까 갑자기 궁금해졌다.

"너희 나라에서는 무슨 말을 쓰니?"

"우리는 스와힐리어를 사용해. 아랍어와 아프리카 말을 섞어 만든 말이야. 아라비아반도가 바닷길을 따라 가까이 연결되어 있기 때문에 일찍부터 많은 아랍 상인들이 쉽게 이곳으로 무역을 하기 위해 오고 갔대. 그리고 아프리카 노예들을 많이 데리고 갔대. 그래서인지 탄자니아에는 이슬람을 믿는 사람들이 많이 있고 아랍어도 널리 쓰이게 되었다고 해."

"교수님! 도대체 아프리카에 언제부터 이슬람이 들어와 자리를 잡았을까요?

"탄자니아 지도를 보아라. 인도양 해안가를 따라 조금만 북쪽으로 가면 아라비아반도와 연결되어 있지 않니? 그래서 7세기부터 동부 아프리카 해안에는 아랍 상인들이 진출해 이슬람이 본격적으로 전파되기 시작했단다. 그래서 동부 아프리카 인도양을 따라 케냐의 라무, 탄자니아의 킬와, 키시와니 같은 이슬람 도시 국가들이 생겨나게 되었지. 아프리카 동부 해안 지대의 반투족들이 아랍인들과 결혼하면서 스와힐리족들이 생겼고, 아프리카어에 아랍어가 섞여 나타난 것이 바로 스와힐리어야. 스와힐리어는 아프리카 동부 해안 지대의 상업 용어가 되면서 세계로 퍼져 나가 지금도 우리 생활에서 스와힐리어를 만날 수 있단다."

"우리 생활에 스와힐리 말이 있다고요?"

"예를 들면 사파리는 스와힐리 말로 '여행' 이란 뜻이고, 킬리만자로는 '하얀 산', 아이들이 좋아하는 만화영화의 주인공 심바는 '사자' 라는 의미지. 지금도 케냐나 탄자니아 같은 동부 아프리카 국가에서 아랍어를 사용하면 그 의미를 서로 이해한다고 할 정도란다."

"아랍과 아프리카가 섞여 있다니 더욱 친근감이 들어요."

"무엇보다 아프리카의 이슬람은 토착 종교와 전통을 잘 결합해 다른 지역과는 다른 이슬람 문화가 발전했단다. 그래서 이슬람은 아프리카에 쉽게 뿌리를 내렸고 지금도 아프리카 최대 종교로 남아 있단다."

일부다처제 풍습

"아프리카의 일부다처제 같은 풍습도 이슬람과 만나면서 서로 잘 융합했겠네요. 무사망가, 실례되는 질문일지 모르지만 혹시 어머니가 한 분 이상이야?"

"그래, 우리 아버지께서는 네 사람의 아내를 맞아들이셨어. 나는 어머니가 네 사람인 셈이지. 물론 우리 엄마가 최고지만."

"너희 어머니는 아버지의 몇 번째 부인이신데?"

"세 번째 부인이야."

"한집에서 같이 살아? 형제들이 많을 텐데 어떻게 한집에서 같이 살아?"

"큰 마당을 가운데 두고 집을 지어 어머니들이 한 방씩 차지하고 있어. 서로 음식을 준비하거나 밭에서 일을 할 때는 어머니들이 모두 함께 일해. 그동안 우리들은 형제들끼리 술래잡기도 하고 공기놀이도 하면서 재미있게 놀아. 가끔은 형들을 따라 임팔라 사냥에 따라 나서기도 해."

"그런데 교수님, 아프리카에서는 왜 일찍부터 일부다처제가 생겨났나요?"

"아프리카에서는 전통적으로 남자와 여자의 일이 서로 나뉘어 있단다. 남자들은 사냥을 해서 가족들을 먹여 살리거나 이웃 부족과 전쟁을 해서 마을을 지키는 일을 맡았고, 여자들은 집에서 아이들을 키우면서 밭일을 해서 집안을 돕는 일을 했단다. 그런데 지금은 전쟁의 시대도 끝나고 사냥하는 생활도 바뀌게 되면서 모든 노동이 여자의 몫이 되어 버렸지. 그래서 역설적이게도 아내가 남편에게 아내를 하나 더 얻어 달라고 조르는 일도 있단다. 한 사람보다 두 사람이 일하면 그만큼 노동이 가벼워지기 때문이

탄자니아 전통 가옥

지. 아마 이런 이유 때문에 일부다처를 인정하는 이슬람이 아프리카 풍습에 더 쉽게 적응되었는지도 모르지."

"교수님, 제가 학교에서 배우기로는 지금 이슬람 세계에서는 일부다처제가 점차 금지되고 한 사람의 아내만 얻도록 하는 일부일처제가 자리를 잡아 가고 있다고 하던데요."

"민지 말이 맞다. 21세기에 들어 이슬람 세계에서는 일부다처를 금지하는 나라들이 늘어나고 있어. 처음 이슬람이 일부다처를 허용했을 때는 전쟁과 가뭄과 같은 어려움 속에서 생활력을 가진 남성들이 여성들이나 고아들을 돌보고 공동체를 살리기 위해 허용한 것인데, 지금처럼 평화 시에 일부다처를 하는 것은 이슬람 정신에 맞지 않다고 주장하는 학자들이 많아. 그래서 터키를 비롯해 많은 이슬람 국가들이 지금 일부일처제를 채택하고 있단다. 아랍 국가에서도 일부다처는 갈수록 줄어들고 있어. 지금은 약 5퍼센트 정도만이 두 번째 부인을 얻는다고 되어 있어. 그렇다면

오늘날에는 일부일처가 이슬람의 근본정신에 가장 부합한다고
할 수 있지."

"하여튼 남자들이 나빠요. 왜 여자들은 여러 남편을 못 얻게
하면서 남자들만 많은 여자를 가지는 거야! 무사망가 너도 결혼
하면 두 번째 아내를 얻을 거야?"

"난 그러지 않을 거야. 내가 좋아하는 여자와 결혼해서 평생
서로 위해 주면서 살 거야. 그리고 나는 두 번째 아내를 맞이할
만큼 돈이 없어."

"그건 무슨 소리니? 아내를 얻으려면 돈이 필요해?"

"결혼하기 전에 마흐르라는 일종의 결혼 지참금을 신부에게
주어야 돼."

"얼마나 큰돈인데 벌써부터 걱정을 하고 있니?"

"꽤 큰돈이야. 만약에 이혼을 하게 되면 남편 없이도 노후를
살아가야 하는 돈이니까 액수가 큰 편이야."

"천만 원 아님 1억 원?"

"한국 돈으로는 얼마인지 모르지만 우리나라에서는 최소 낙타
열 마리 값은 마흐르로 주어야 해."

"낙타 한 마리면 웬만한 집에서는 중요한 재산이니까 어마어
마한 액수네."

"그래서 사실상 일부다처를 마음대로 할 수 있는 것은 아니야.
마흐르를 구하지 못해 최근에는 노총각으로 지내는 청년들이 많
아지고 있어 나라에서 큰 걱정을 할 정도야."

"교수님 아프리카에서는 동물들도 일부다처를 하나요?"

"그건 직접 세렝게티 국립공원에서 사파리를 해 보면 알게 되겠지."

"무사망가 너도 세렝게티 국립공원에서 사파리 해 보았니?"

"응, 형들을 따라 몇 번 해 봤어."

동물의 왕국 세렝게티

다음 날 우리는 무사망가와 그의 형 음부티를 태우고 세렝게티로 향했다. 텔레비전의 '동물의 왕국' 프로그램에서 어릴 때부터 수없이 보아 왔던 그 아프리카 대지와 동물들을 만나 보기 위해서였다. 철창이 있는 작은 지프차를 타고 사파리를 시작했다.

스와힐리어로 '여행' 이라는 뜻을 지닌 사파리는 버스를 타고 야생동물들이 살고 있는 자연 속으로 떠나는 여행을 말한다. 동물원이 인간들의 거주지에 동물을 가두어 두는 것이라면 사파리는 동물들의 거주지에 인간이 철장차를 타고 들어가는 셈이다. 동물들에게는 우리가 구경거리가 될 것이다.

화면에서 늘 보아 왔던, 그늘을 넓게 드리운 나무 한 그루가 평원 한가운데에 서 있었다. 그 나무 그늘에서 기린이 잎을 따 먹고 크고 작은 수많은 동물들이 휴식을 취하고 있었다. 붉은 옷을 걸친 키가 큰 마사이 부족들도 소 떼를 몰고 가다가 잠시 뜨거운 햇볕을 피하는 곳이었다.

이곳 사람들은 그 나무를 엄브렐라 나무, 즉 우산 나무라고 불

세렝게티 국립공원

렀다. 그늘과 휴식을 주는 엄브렐라 나무가 그렇게 고맙고 정겨
울 수가 없었다.

어딜 가나 푸른 초원에 잎이 무성한 나무들, 군데군데 웅덩이
가 있어 여러 동물들이 살아가기에 정말 안성맞춤인 것 같았다.
코끼리는 나뭇잎을 따 먹고, 치타는 나뭇가지 위에 길게 걸쳐 앉
아 멀리서 사냥감이 나타나기를 기다리고 있었다. 그때 무사망가
가 손가락을 가리키면서 한 곳을 보라고 손짓을 한다.

멀리서 사자가 보였다. 방금 잡은 것 같은 큰 누 한 마리를 잡
아먹고 있었다. 너무나 끔찍한 장면에 한동안 똑바로 쳐다볼 수
가 없었다. 저 멀리서는 가족을 잃은 누 떼가 슬픈 표정으로 그
모습을 애타게 지켜보고 있었다.

사자가 식사를 하는 동안에도 주변에는 독수리 떼와 하이에나
가 어슬렁거리고 있었다. 자기 차례를 기다리는 것이다. 죽고 죽

이는 잔혹한 정글이라는 생각보다는 이것이 동물의 생활이고 자연의 법칙이라는 생각을 하고 나니 마음이 좀 편해졌다. 이루 셀 수도 없는 동물의 종류와 숫자를 보았다. 평생 잊지 못할 경험이었다.

마사이 전사

"무사망가, 아프리카 전사들은 사자도 잡는다는데, 넌 사자가 무섭지 않아?"

"사자는 늘 우리들과 함께 살아. 집 근처에 오는 경우도 많아. 그렇지만 형들은 지금 사자를 잡지는 않아. 나라에서 사자를 잡지 못하게 하거든."

"너도 크면 형들처럼 마사이 전사가 되어 아프리카 평원에서 사자와 싸우면서 살아갈 거니?"

"지금은 동물 사냥을 하기가 힘들어졌어. 동물들의 왕국이었던 세렝게티 평원은 지금 국립공원으로 지정되어 여러 가지 제한을 받고 있어. 물론 이곳은 아프리카에서 가장 많은 동물들이 살고 있는 곳이야. 2월경이면 많은 동물들을 볼 수 있는데, 풀을 찾아 케냐에 있는 마사이 마라로 이동해 가곤 하지. 동물 중에서도 코끼리, 하마, 사자, 치타, 코뿔소를 '빅5'라 해서 동물들 중에서 가장 으뜸으로 여겨. 이곳에서는 빅5를 쉽게 볼 수 있어."

사파리를 하다 보면 중간에 마사이족 마을이 보인다. 마사이

마사이족 어린이 | 마사이족 마을

족은 열여섯 살부터 사자를 잡는 용맹함과 자부심을 가지고 고유
의 전통문화를 지켜 나가는 것으로 유명하다. 큰 키에 반짝거리
는 검은 피부, 붉은 장식을 한 화려한 모습의 마사이족은 동부 아
프리카를 대표하는 당당한 부족이다. 무사망가도 미래의 최고의
마사이 전사가 될 것이다.

"교수님! 마사이들이 참 용맹하기도 하지만 그들의 자연 친화
적인 삶을 본받아야 한다고 말들을 많이 하잖아요? 본받을 것이
뭐가 있을까요. 걸음걸이를 배워 가지고 마사이 워킹 운동화를
개발한 것까지는 알고 있어요."

"잘 보거라. 마사이들은 그 넓은 평원을 긴 막대 하나만 들고
그냥 걸어가고 있지 않니? 필요한 먹을 것을 구하기 위해서 마냥
걸어가지만, 필요한 만큼만 먹고 남겨 두는 생활철학을 지킨단

다. 그것은 내일을 준비하는 그들만의 삶의 지혜지.

마사이들은 결코 자신들이 자연을 지배한다고 생각하지 않는단다. 자연의 한 부분으로 자연의 법칙에 철저히 고개를 숙이면서 겸손하게 살아간다고 해. 이런 점이 가난하게 보여도 기품이 있어 보이는 마사이족들의 삶에 저절로 고개가 숙여지는 이유란다. 자연과 함께 살아가면서 서로 나누고 절제하는 그들의 가르침을 우리가 배워야 되지 않을까?'

하지만 우리가 찾아간 마을의 마사이족들은 관광객들 앞에서 춤을 추고 있었다. 신앙과 전통을 생계를 유지하는 수단으로 삼아야 하는 마사이족의 처지에 왠지 모를 씁쓸함이 느껴졌다.

시간이 흐르면 어떤 문화는 사라지기도 하고, 또 새로운 문화가 탄생하기도 한다고 배웠다. 하지만 흐르는 시간 속에서 다양한 문화가 각자의 독특한 모습을 간직하고 발전해 나가면서 공존할 때, 우리는 보다 아름다운 세상을 지켜볼 수 있을 것이라 믿는다. 마사이족이 자신들의 고유한 삶의 방식을 지키면서 오늘날의 세계에 적응할 수 있는 새로운 방법을 찾기를 고대해 본다.

킬리만자로 산과 빅토리아 호수

이런 고민을 하며 세렝게티 대평원을 벗어나니 멀리 킬리만자로 산이 눈 덮인 모습으로 나를 반겨 주었다. 아프리카에서 가장 높은 산이다. 산 정상의 만년설 때문에 붙여진 '하얀 산'이라는 뜻을 가진 킬리만자로라는 이름이 딱 어울린다는 생각이 들었다. 케냐와 탄자니아의 경계를 이루는 킬리만자로 산으로 올라가는 등산객들의 모습이 인상적이다.

그리고 킬리만자로의 만년설이 녹아 흘러 만들어진 호수가 바로 빅토리아 호수다. 호수 물은 아프리카 여러 나라들의 생명의 원천이 되는 물이다. 케냐, 탄자니아, 우간다 세 나라에 걸쳐 있는 이 호수는 넓이만 7만 제곱킬로미터에 달한다. 빅토리아 호수에서 시작된 작은 강들이 흘러 메마른 아프리카에 물을 주고, 또 길이가 6695킬로미터나 되는 세계에서 제일 긴 나일강을 만들었다. 강물이 지중해까지 흘러가는 동안 인류 최고의 이집트 문명과 크고 작은 아프리카 문명들이 탄생했다.

물을 긷기 위해 30킬로미터씩 걸어가기를 마다하지 않는 아프리카 여인들에게 빅토리아 호수의 풍부한 물은 얼마나 소중했을까? 그런 빅토리아 호수가 최근 점점 오염되고 있다고 해서 가슴이 매우 아팠다.

사파리를 마치고 세렝게티 평원 한가운데에 있는 아프리카식 호텔인 로지에서 하룻밤을 묵었다. 진한 커피를 드시던 교수님께서 커피의 고향에 와서 커피를 마시니 맛이 더욱 새롭다고 즐거워하신다. 나는 커피에 대해서 교수님께 물었다.

아프리카 커피

"교수님 커피의 고향이 아프리카인가요?"

"그렇단다. 우리가 매일 마시는 커피의 원산지는 에티오피아로 잘 알려져 있지. 인간이 처음 커피의 효능을 알게 된 이야기는 참 재미있단다. 민지야, 들어보고 싶니?"

아랍식 커피

"정말 궁금한데요. 유럽인들이 즐겨 마시는 커피의 고향이 아프리카라니……."

"어느 날 목동이 자신이 지키는 염소가 커피나무 열매를 따 먹고 기운이 넘쳐 날뛰는 것을 보고 자신도 먹어 보니 좀 쓰기는 했지만 생기가 나는 것을 발견했단다. 그 후 커피 열매는 홍해 바다 건너 바로 이웃의 예멘의 모카 지방에서 사람들이 마시는 음료로 발전했어. 이미 이슬람을 받아들인 예멘 사람들은 성직자들을 중심으로 밤새 명상과 기도를 하기 위해 커피 음료를 즐겨 마셨고, 점차 기호식품으로 자리를 잡아 갔었지. 그러다가 16세기부터 오스만 제국의 수도인 이스탄불에 커피가 기호 음료로 전파되었고 그곳의 유럽 외교관들에 의해 전 세계로 퍼져 나가게 되었단다."

인류의 고향, 울두바이 계곡에서 배우는 아프리카 역사

아프리카의 탄자니아에 온 이상, 울두바이 계곡을 꼭 방문하고 싶었다. 그래서 교수님을 졸라 울두바이로 향했다. 바로 이곳이 지구에서 가장 오래된 대륙이며 인류의 먼 조상이 맨 먼저 자리를 잡았던 곳이다.

"교수님 울두바이에서 바로 오스트랄로피테쿠스라는 가장 오래된 사람의 조상이 발견되지 않았어요?"

"그런 셈이지. 오스트랄로피테쿠스라고 불리는 약 4백만 년 전의 가장 오래된 인류 화석이야. 더욱이 최근에는 미토콘드리아 염색체를 분석한 결과도 아프리카 대륙이 인류의 고향임을 말해 주고 있단다. 그뿐인가, 인류 최초의 문명이라는 이집트 문명도 알고 보면 그 전부터 오랫동안 뿌리를 내렸던 아프리카 문명을 이어받은 것이라고 볼 수 있지. 그럼에도 아프리카는 역사가 없는 미개하고 원시적인 곳으로 알려져 왔지. 물론 지금의 아프리카는 매우 가난하고 살기 어려운 환경임에는 틀림없어. 그것은 16세기 이후 3백 년간이나 서양 사람들에 의해 수천만 명에 이르는 노예사냥이 계속된 것과 서양 강대국들이 아프리카를 침략하여 자원을 빼앗아 간 데서도 그 이유를 찾을 수 있지."

"그럼 아프리카에도 화려한 역사를 가진 나라들이 있었나요?"

"물론이지. 사하라사막을 중심으로 북쪽 지방은 지중해를 끼고 주로 그리스 로마 시대부터 유럽과 접촉했고, 7세기 이후에는 이슬람을 받아들여 대부분 지역이 이슬람 국가가 되었다. 그러나 사하라 남쪽에는 원래의 아프리카 문화와 전통이 아직까지 잘 살아 있단다. 수많은 왕국이 건설되기도 했지. 기원전 225년경 이집트 남부 지방에는 메로에 왕국이 건설되어 이집트 문명과 아프리카 토착 문화를 결합한 왕조를 열었어. 메로에 왕국은 서기 350년경부터 아프리카 동부의 악숨 왕국으로 이어지면서 오늘날 에티오피아의 선조 국가가 되었지. 서부 아프리카에서도 서기 750년경 가나 왕국이 세워져 사하라사막을 횡단하는 무역으로 크게 번성했단다. 1230년에는 말리 왕국이, 1464년에는 송가이 왕국이 등장하여 아프리카 문화를 꽃피웠지. 그 후에도 1500~1600년 사이에 열다섯 개 이상의 크고 작은 왕국들이 등장하여 각각 아프리카 여러 지역에서 독특한 역사와 문화를 이어 갔단다."

"그런데 지금 왜 이렇게 못살게 되었나요?"

"불행히도 유럽 강대국들의 식민지가 된 아프리카는 1884년 베를린 협정을 전후해서 수많은 나라로 쪼개졌어. 그러면서 각 부족들의 문화와 종교, 언어, 전통을 무시한 국경이 만들어졌고, 혼란과 갈등이 지금까지 계속되고 있단다. 그러나 이제는 아프리카를 찬란한 역사와 문화를 가진 대륙으로, 나아가 인류의 고향으로서 제자리를 제대로 찾아 주어야 할 때인 것 같아. 그래서 우리가 탄자니아에 오지 않았니!"

노예무역 항구 - 잔지바르

아프리카에 오면 유럽 국가들이 아프리카를 가난하게 만든 또 다른 가슴 아픈 역사를 만나게 된다. 특히 탄자니아에서 노예의 역사를 확인하기 위해 반드시 가 보아야 할 곳이 바로 잔지바르 섬이다. 잔지바르는 아프리카 동부 인도양에 떠 있는 가장 아름다운 섬일 뿐 아니라, 오래된 역사를 가지고 있는 문화도시이기도 하다.

다르 에 살람을 떠나 아름다운 바다를 배를 타고 두 시간 동안 가면 잔지바르에 도착한다. '검은 항구' 라는 의미를 가진 잔지바르는 아랍 사람들이 즐겨 찾는 주요한 국제 항구였기 때문에 섬 주민 대부분이 이슬람교를 믿고 있었다. 오래된 이슬람 모스크가 바람에 휘청대는 키 큰 야자나무와 쪽빛 바다를 배경으로 서 있었다. 검은 얼굴을 한 아프리카 여인들이 빨갛고 파란 차도르를 쓰고 길거리를 메웠다. 사람들은 하나같이 친절하고 매우 개방적이었다. 아프리카 이슬람의 특징 같았다.

"무사망가, 잔지바르는 탄자니아에서도 이슬람을 믿는 사람들이 가장 많다고 들었어. 그런 이유가 뭘까?"

"잔지바르는 인도양 해안에 있어 항구가 발달했고, 클로버 등 향료 산지로 유명했거든. 계절풍을 따라 일찍부터 아랍 상인들이 이곳으로 무역을 하러 왔어. 그러면서 그들의 종교인 이슬람교를 이곳에 퍼트리기도 하고 더러는 이곳에 머물러 결혼해서 살게 되었지."

"교수님! 특히 잔지바르는 노예무역 항구로 악명이 높았다던

잔지바르 항구 | 잔지바르 대성당

데요. 그런 흔적들이 아직도 남아 있나요?"

"아프리카 서쪽에서는 기니, 베냉, 토고, 코트디부아르 같은 나라들이 노예무역으로 번성했고, 동쪽에서는 잔지바르가 노예를 실어 나르던 주요한 항구였단다. 노예무역의 현장으로 함께 가 보자."

그래서 우리는 노예를 실어 나르던 옛날 항구로 가 보았다. 지금 대성당이 들어서 있는 곳은 노예를 사고팔던 시장터였으며, 산타 모니카 호스텔의 지하에는 노예를 감금하던 쪽방이 아직도 보존되어 있었다.

"교수님 이곳에서 세계 각지로 팔려 나간 노예 숫자가 얼마나 돼요?"

"줄잡아도 약 백만 명에 달했다고 기록되어 있단다. 참으로 안타까운 일이지. 쇠사슬을 채우고 2평도 채 안 되는 좁은 방에 수십 명씩 가두었단다. 노예 상인이 나타나서 그들을 사게 되면 이제 바닷길을 건너갔겠지. 가족을 등지고 다시는 돌아오지 못할 낯선 곳으로 팔려 가는 그들의 심정이 어떠했을까. 팔려간 노예들

노예무역 상징 석상

은 대부분 아프리카 사회에서 가장 건강하고 젊은 사람들이었을 거야. 어떤 학자들은 오늘날 아프리카가 이렇게 못살고 뒤처지게 된 이유를 유럽 사람들이 저지른 노예사냥 때문이라고 해."

탐험가 리빙스턴의 호소로 노예시장이 폐쇄된 직후인 1873년, 노예들의 영혼을 달래기 위해 대성당이 착공되었다고 한다. 대성당 뒤뜰에는 당시의 쇠사슬을 그대로 사용하여 노예무역을 상징하는 조형물을 세워 놓았다. 사람의 이름으로 다른 사람의 삶과 인격을 짓밟는다는 것이 얼마나 야만적인 것인지 이곳에서 다시한 번 느끼게 되었다.

대성당을 나와 가장 전형적인 아프리카 이슬람 사회의 흔적을 담고 있는 스톤 타운으로 발길을 옮겼다. 노예의 역사에 말도 없이 내내 시무룩하게 얼굴이 어두웠던 무사망가가 그제야 신나게 앞장서서 우리를 안내하기 시작했다. 스톤 타운은 미로 같은 골목을 포함해서 16세기 도시 모습이 그대로 간직되어 있었다.

　　시작도 끝도 없이 이어지는 좁은 골목 사이로 아랍의 정취가 강하게 묻어났다. 아치형 창틀을 단 발코니와 아라베스크 문양이 수놓아진 카펫만 보면 중세 아랍 마을을 옮겨 놓은 것 같은 착각이 들 정도였다. 하얀 색칠을 한 모스크도 인상적이었고 머리에

잔지바르 스톤 타운 바자르의 모습

하얀 예배 모자를 눌러쓴 잔지바르 무슬림들의 웃는 얼굴도 쉽게 잊히지 않을 것 같았다. 골목을 채우고 있는 수천 개의 작은 상점에는 토착 흑인, 아랍인, 그리고 인도계 사람들의 문화가 뒤엉킨 낯익은 세 개의 문화가 공존하고 있었다.

스톤 타운에서 만나는 잔지바르 사람들은 싱거운 인도 바닷물을 닮아서인지 한없이 친절하고 포근했다. 그리고 그들은 서두르지 않았다. "하라카 하라카 하이나 바라카(내일 할 수 있는 일은 내일로 미루자)!" 자신 있는 탄자니아 사람들의 당당한 삶의 철학이었다. 그래서 그들은 시간의 노예가 아니라 시간의 창조자로 살아가고 있었다.

정해진 시간에 식사를 하는 것이 아니라 배가 고프면 밥을 먹는 것이다. 이런 여유 속에서 있으니 마음이 편안해지는 기분이었다. 나는 이곳에서 오랜만에 따뜻하고 예쁜 인도양 바닷물에 몸을 담그고 신나게 수영을 했다. 저 멀리 인도양 맞은편에서 불어오는 바람결에 카레 향기가 나는 듯했다.

유럽과 아시아를 잇는
새로운 이슬람

터키

TURKEY

국민 대부분이 이슬람을 믿는 나라 터키. 동서양을 잇는 가교 역할을 하면서 유럽과 아시아의 문화가 혼합된 아름다운 나라다. 이슬람과 기독교의 아름다운 건축물이 산적해 있는 이스탄불을 살펴보고, 이슬람 신비주의 사상가 메블라나 루미에 대해서도 알아본다. 종교 간 갈등을 피하고 조화롭게 살아가는 터키의 모습에서 테러 없는 조화로운 세상을 꿈꾸어 본다.

터키 TURKEY

터키는 99퍼센트가 이슬람을 믿는 나라다. 그럼에도 터키는 오래전부터 유럽 국가가 되고자 유럽연합EU에 가입하기 위해 온갖 노력을 다하고 있다. 이슬람 국가가 왜 기독교 국가들로만 이루어진 유럽연합의 회원국이 되려 할까?

이슬람은 기독교를 싫어하고 지금 이라크와 아프가니스탄에서는 이슬람과 기독교 국가인 미국이 전쟁까지 하고 있는 판인데 쉽게 이해가 가지 않았다. 듣자 하니 유럽 일부 국가와 미국, 우리나라에서는 아직 사형제가 폐지되지 않고 있는데 이슬람 국가인 터키가 사형제를 폐지했다고 한다. 궁금한 것이 한두 가지가 아니다.

한편 터키는 동양과 서양이 만나고, 이슬람과 기독교가 함께 잘 어우러지는 참으로 아름다운 나라로서 세계적 관광지로 유명한 나라이기도 하다. 이름만 들어도 가슴이 설레는 성 소피아 성당과 블루 모스크가 나란히 서 있고 유럽과 아시아를 연결하는 보스포루스 다리가 있다. 어서 그 다리 위를 걷고 싶다. 빨리 터키로 가요, 교수님!

터키를 만든 사람 아타튀르크

비행기가 도착한 터키의 최대 도시 이스탄불 공항 이름은 아타튀르크 국제공항이었다. 공항에 들어서자 양복을 입고 서양 신사처럼 생긴 아타튀르크의 초상화가 여기저기 붙어 있었다. 터키의 초대 대통령이라는 것은 알았지만, 터키 사람들이 이토록 그를 존경하고 있는 줄은 몰랐다.

"교수님! 이슬람에서는 우상숭배를 금지하잖아요? 그래서 이슬람 사원 안에 사람이나 동물을 그리거나 조각하지 못해 아라베스크 문양이 발달했다고 배웠잖아요."

"민지가 이제 이슬람에 대해 대단한 지식을 쌓았구나. 이슬람의 우상숭배 금지에 대해 정확하게 설명했다."

"그런데 왜 이집트에서도 모로코에서도 터키에서도 대통령이나 왕들의 사진을 다른 나라보다 더 많이 더 크게 붙이고 있나요? 이것은 우상숭배가 아닌가요?"

"엄격히 말하면 우상숭배라고도 할 수 있겠지만, 21세기에 와서는 이슬람의 가르침도 나라마다 새롭게 이해하면서 과거의 모

습들이 많이 바뀌고 있단
다. 모스크 안에는 아직도
인물을 그리지 않지만, 대
통령이나 위인들의 사진
을 붙이는 것은 허용하고
있단다."

아타튀르크 동상

공항 밖으로 나오니 우리를 안내할 오르한이 있었다.

"오르한, 난 민지라고 해! 반가워. 궁금한 게 있는데 아타튀르
크는 도대체 어떤 분이기에 곳곳에 그분의 초상화가 나부끼고 있
는 거야?"

"아타튀르크의 원래 이름은 무스타파 케말이야. 1차 세계대전
때 오스만 왕국이 패배하고 터키가 영국, 프랑스, 러시아, 그리스
등 유럽 강대국들의 침략을 받았을 때, 조국을 지켜 낸 독립 전쟁
의 영웅이자, 오스만 왕국을 무너뜨리고 터키 공화국을 일으킨
초대 대통령이기도 해. 아타튀르크는 '터키의 아버지'라는 뜻이
야. 그만큼 터키 국민들에게는 중요한 분이지."

"그런데 아타튀르크는 문자 개혁을 해서 아랍어를 버리고, 이
슬람 여성들이 공공장소에서 차도르를 못 쓰게 하는 등 이슬람을
탄압하지 않았니?"

"아니야. 그것은 이슬람을 탄압했다기보다는 이슬람을 20세기

에 맞게 새롭게 해석하면서 근대화와 서구화를 동시에 추진했다고 볼 수 있지. 한 예로 이슬람의 경전인 꾸란에서 양성평등을 가르치는데, 여성들을 차별하고 억압하는 낡은 제도를 없앤 것이지. 나아가 문자 개혁으로 어려운 아랍어 대신 라틴 문자를 쓰게 되니까 아랍어를 안 배워도 금방 읽을 수 있게 되었어."

"그건 그래. 이집트나 모로코, 심지어 이란에서도 꼬부랑 아랍 문자를 하나도 읽을 수 없어 애를 먹었어. 심지어 화장실 표시도 아랍 문자로 해 놓아서 남녀 화장실을 구분하는 것도 정말 힘들었어. 근데 오르한, 비행기를 오래 타서 그런지 배가 고파. 우선 맛있는 케밥으로 식사를 하고 이스탄불 구석구석을 탐사하는 것이 어떨까?"

케밥 종류만 수십 가지

"음! 케밥은 종류가 수십 가지나 되는데 민지가 무슨 케밥을 원하는지 알 수가 없네. 무슨 케밥이 좋을까? 됴네르 케밥? 쉬시 케밥? 이스켄데르 케밥? 아다나 케밥? 쿠유 케밥? 프른 케밥……."

"이집트에서도 봤는데 둥그렇게 양고기를 차곡차곡 쌓아 올려놓고 빙글빙글 돌리면서 불에 굽는 양고기 케밥이 제일 먹고 싶은데."

"응 그건 됴네르 케밥이야. 빙글빙글 돌아간다는 뜻이지. 그럼 됴네르 케밥하고 고기를 다져 매콤하게 숯불에 구운 아다나 케밥하고 같이 시켜 먹자. 마실 거는 터키에 왔으니 아이란을 마셔 봐야지."

"아이란이 뭔데?"

"요구르트를 물에 섞어 마시는 건데, 약간 시큼하기는 해도 소화도 잘 되고 몸에 참 좋아. 요구르트란 단어가 터키어에서 유래되었다는 것은 알고 있지? 그래서 터키는 요구르트의 고향이야. 그러니 당연히 아이란을 한번 마셔 봐야겠지."

됴네르 케밥은 익은 고기를 칼로 얇게 썰어 빵에 넣어 주고, 아다나 케밥은 밥과 함께 접시에 담아 주는데 정말 담백하고 맛이 있었다. 아이란은 너무 시큼하고 단맛이 없어 쉽게 친숙해지지는 않았지만, 몸에 좋다니 참고 마셨다. 마시고 나니 속이 편해지는 것 같았다. 기분일까.

케밥을 만드는 모습

"오르한, 돼지고기로는 케밥을 만들면 안 되지?"

"응, 우리나라에서는 돼지고기를 팔지도 먹지도 않아. 돼지고기는 이슬람에서 먹지 못하도록 엄격하게 금지한 것이거든."

무슬림들이 돼지고기를 먹지 않는 이유를 이미 모로코에서 경험하고 교수님께 자세한 설명을 들었기 때문에 더 이상 질문하지 않았다.

성 소피아 성당

드디어 트람바이(노면 열차)를 타고 유서 깊은 이스탄불의 중심인 성 소피아 성당으로 왔다. 감격적인 순간이었다. 성 소피아 성당은 로마의 성 베드로, 밀라노 대성당, 영국의 성 바오로 성당에 이어 세계에서 네 번째로 큰 성당이자 그리스정교의 총본산이다. 그 안으로 들어가 보았다.

'알라', '무함마드' 라고 적힌 커다란 현판이 중앙 벽면에 매달려 있고, 중앙에는 모자이크로 된 성모마리아와 아기 예수의 모습이 찾아오는 사람들을 반긴다. 그야말로 두 종교가 한자리에 서로 마주하며 공존하고 있었다. 역시 이 분야 전문가이신 교수님의 설명에 나는 50미터도 더 되는 높은 실내 돔을 올려다보면서 그저 탄복할 뿐이었다.

"성 소피아 성당은 그리스정교의 총본산으로 지금 건물은 서기 532년 비잔틴 황제 유스티니아누스 때 완공한 것이다. 비잔틴 건축물 가운데 가장 완벽한 예술 작품으로 단순히 종교적 성당으로서뿐만 아니라, 가장 기념비적인 건축물로 인류의 자랑거리라고 볼 수 있지. 한번 봐라. 중앙에 기둥을 받치지 않고 56미터나 되는 큰 돔을 올리고, 그 무게를 분산시키기 위해 주변에 작은 돔을 올려 성당 실내 중심을 완전히 비워 두었지. 소리가 돔으로 올라갔다 다시 균등하게 내려올 때 신도들은 신의 음성을 듣는 듯했을 거다. 얼마나 멋진 발상이냐? 1453년 오스만 제국은 콘스탄

성 소피아 성당

티노플을 함락하고 성 소피아 성당을 차지하고서, 바로 이곳을 이슬람 사원으로 만들어 버렸단다. 지금은 박물관으로 지정되어 이슬람과 기독교 두 종교가 만나는 독특한 의미를 갖게 되었고, 유네스코 세계 문화유산으로 많은 사람들이 방문하고 있단다.”

"정말 잘 들었어요. 교수님! 바로 맞은편에 정말 크고 예쁜 이슬람 사원이 보이는데 저게 바로 블루 모스크 아니야, 오르한?'

"아니야. 블루 모스크는 별칭이고 사람들은 술탄 아흐메드 모스크라고 불러. 이 모스크를 지은 임금의 이름이지. 오스만 제국에서는 임금을 술탄이라고 불렀어. 이 모스크 말고도 쉴레이만, 파티 등 술탄 이름을 붙인 모스크가 많이 있어."

술탄 아흐메드 모스크(블루 모스크)

교수님께서 설명을 덧붙이셨다.

"블루 모스크를 자세히 보아라. 바깥 모습이 성 소피아 성당을 많이 닮아 있지 않니? 전체적인 모습에서부터 가운데 둥근 중앙 돔을 올리고 주변에 작은 돔을 배치한 기법 같은 것이 비슷하단다. 바로 비잔틴 건축양식을 본떠서 지은 이슬람 건축이지. 다만 예배 시간을 알리기 위해 높은 첨탑을 여섯 개나 올린 것이 특징이지."

"오르한, 모스크 안에도 들어갈 수 있어?"

"물론 들어갈 수 있지. 그런데 민지처럼 짧은 바지를 입고 들어가는 건 곤란해. 아무래도 종교적 공간이니까, 얼굴에 차도르를 쓰고 노출된 부분을 가려야 돼."

차도르를 쓰는 것은 이미 다른 이슬람 국가에서 경험한 적이 있어 익숙했다. 잘 어울린다면 오르한이 나에게 맞는 차도르를 하나 사 주겠다고 한다. 모스크 안으로 들어가니 너무 화려하고 아름다운 모스크 실내장식이 나를 반긴다.

엄청난 실내 규모에 입을 다물 수 없었다. 이렇게 크고 장엄한 모스크를 본 적이 없었다. 가운데 커다란 샹들리에가 빛을 내며 내려와 있고, 색색으로 스테인드글라스를 한 창으로부터는 은은한 빛이 스며들고 있었다. 천정에는 꾸란 구절을 아름답게 기하학적으로 배치해 새겨 놓았고 넓은 벽면 모두에는 아름다운 타일

성 소피아 성당 내부 | 블루 모스크 내부

로 장식해 놓았다. 모스크 뒤편 벽면 타일은 푸른색을 띄고 있었다. 그래서 블루 모스크라 불리는구나.

마침 예배 시간이라 많은 사람들이 한 줄로 서서 이맘의 기도 소리에 맞추어 예배를 드리고 있었다. 여자들은 모스크 실내 뒤편에 있는 별도 공간에서 서로 섞이지 않고 따로 예배를 보고 있었다.

"오르한, 아이들도 예배를 보니?"

"응! 나이에 제한은 없어. 보통 초등학교에 들어가면 아버지를 따라 모스크에 가서 예배를 드리게 되지."

"그럼 너도 하루 다섯 번씩 꼬박꼬박 예배를 보니?"

"반드시 꼭 지키지는 못하지만 학교 수업이 없을 때나 시간이 날 때마다 어른들과 함께 예배에 참가하는 편이야. 알라께 '오늘 하루를 건강하고 보람 있게 지내도록 해 주십시오!' 하고 기도하면 왠지 기분이 좋고 일이 잘될 것 같거든. 시험도 잘 보고 친구들하고 잘 어울릴 수 있을 것 같아."

듣던 대로 모스크 안에는 인물 그림이나 조각이 하나도 없었다. 사람들이 예배를 드리고 있었다.

"오르한, 어떻게 메카 방향을 알 수 있지?"

"모든 모스크에는 미흐랍이라 불리는 둥글게 장식해 놓은 벽감이 있어. 그곳이 바로 메카 방향을 표시한 거야. 누구든지 모스크 중앙에 있는 미흐랍을 쉽게 찾을 수 있어."

"아! 중앙에 가장 화려하게 장식된 곳이 미흐랍이구나. 그런데 그 오른쪽에 계단이 있는 높은 장식물은 또 뭐야?"

"그것은 민바르라고 불러. 금요일 예배 볼 때 이맘이 그 위에 올라가서 사람들을 향해 설교를 하는 설교대라 할 수 있지. 평소 예배 때는 설교가 없기 때문에 사용하지 않고 반드시 금요일 낮 합동 예배나 축제 예배 때만 사용해."

" 아, 그건 알고 있어. 교수님께 배웠어. 이슬람에서는 금요일이 주일이고, 금요일 세 번째 예배인 낮 예배를 모스크에 모여 함께 본다는 거지?"

쉴레마니예 모스크와 주변

블루 모스크 바깥으로 나오자 바로 로마 시대 원형경기장이 있었던 히포드롬 광장이 나타났다. 그곳에는 로마 시대 이집트에서 싣고 왔다는 오벨리스크가 서 있었다. 그 옆에는 그리스의 델피 신전에서 실어 왔다는 뱀 기둥과 십자군 전쟁 때 훼손된 콘스탄틴 탑까지 우뚝 솟은 탑이 세 개 서 있다.

원형경기장은 흔적도 없어졌지만 성 소피아 성당, 블루 모스크, 이집트, 그리스 로마 문화가 한 광장에서 만나는 것을 보고 과연 이스탄불이 문명 박물관이구나 하는 생각을 다시 하게 되었다. 사방 어디를 둘러보아도 첨탑이 솟은 모스크가 보였다.

십자가가 달린 교회만 수없이 보다가 거대한 모스크가 3만 개

히포드롬 광장에 있는 오벨리스크 | 쉴레마니예 모스크

나 된다는 이스탄불에서 또 다른 느낌을 받았다. 이스탄불에서 가장 완벽하게 건축되었다는 쉴레마니예 모스크 안으로 들어갔다. 오스만 제국 시대의 가장 훌륭한 건축가인 미마르 시난의 작품이라 한다.

"교수님! 얼핏 보기에는 크기만 빼고는 다른 모스크와 크게 다른 것도 없는데, 왜 이 모스크가 그렇게 유명하죠?"

"모스크 설계 자체도 완벽하지만 쉴레마니예 모스크가 갖는 사회적 역할 때문에 더욱 의미가 있을 거야. 모스크를 단순히 예배만 드리는 신앙의 장소로만 머물게 하지 않고 대학, 도서관, 병원, 목욕탕, 여관 등을 함께 지어 삶의 중심이 되게 한 거지.

따라서 이슬람의 모스크는 어느 곳이든 사람들이 쉽게 몰려들 수 있는 마을의 중심에 자리 잡으면서 아픈 사람을 치료해 주고, 배움의 기회를 주고, 또 그 주변에 바자르라는 시장을 형성해서 사람들의 필요를 채워 주는 곳이 되었지. 이런 특징들을 갖춘 가장 대표적인 모스크가 바로 쉴레마니예 모스크란다."

교수님 설명을 듣고 오르한이 대단할 것을 발견한 듯이 끼어든다.

"맞아요 교수님! 그래서인지 이스탄불 대학교가 쉴레마니예 모스크 바로 옆에 있어요. 아, 그러고 보니 고문서 도서관, 그랜드 바자르, 터키탕 등이 모두 이 모스크를 둘러싸고 있어요."

터키탕 체험

"터키탕이 어디 있어? 터키에 왔으니 터키탕을 가 봐야 하는 것 아니야, 오르한."

"이스탄불 대학교 문리과 대학 옆에 오래된 터키탕이 있어."

"내부는 어떻게 생겼는데! 아이들도 발가벗고 목욕할 수 있니? 때 밀어 주는 사람도 있어?"

"민지는 터키탕에 관심이 많구나. 아이들만 가지는 않아. 물론 남탕, 여탕이 따로 있고 그 속에서도 발가벗지 않고 가운을 입고 땀을 내는 거야. 말로 해서는 잘 몰라. 백문이 불여일견이라 직접 들어가 보자고."

옷을 맡기고 하얀 천으로 된 가운을 걸치고 터키탕 안으로 들어가 보니 높고 둥근 돔 꼭대기에 구멍이 나 있었다. 그곳으로부터 빛이 들어오고 있었다. 내가 상상했던 물이 담긴 탕은 없고 가운데 높이가 있는 넓은 대리석이 있고 사람들이 가운을 입고 그 위에 눕거나 앉아서 땀을 내고 있었다.

엄마들이 낮잠을 자기도 하고, 차를 마시며 책을 보거나 수다를 떠는 사람도 있었다. 한 삼십 분이 지났는데도 별로 땀이 나지 않았다. 보통 한 시간 이상 약하게 달구어진 대리석 위에 있어야 제대로 땀이 난다고 한다. 일종의 약한 사우나 같은 것이었다. 땀이 나면 옆에 커튼이 쳐진 칸막이 샤워장으로 가서 가운을 벗고 샤워를 하게 되어 있었다.

여행 중에 쌓인 피로가 모두 가시는 것 같았다. 그리고 설탕을 듬뿍 넣은 붉은 터키 홍차 한

터키탕

잔을 마시니, 부러울 것이 없었다. 역시 여행에는 체험만큼 소중한 배움이 없구나 하는 사실을 깨달았다.

순네트 의식

터키탕을 나와 다시 무작정 이스탄불 거리를 걸어 다녔다. 어딜 가나 사람들로 붐빈다. 정말 세계적인 도시답게 유럽인, 동양인, 아프리카인 할 것 없이 민속 의상을 걸치고 도시를 기웃거린다. 1년에 3천만 명이 몰려든다고 하니 이스탄불 인구보다 훨씬 많은 사람들이 이스탄불로 찾아오는 셈이다.

복잡한 인파 사이로 무슨 피리 같은 소리가 나더니 망토에 은빛 장식 지팡이를 손에 든 다섯 살이나 여섯 살쯤 된 아이 하나가 주위의 부러움과 시선을 받으며 걸어가고 있었다.

"저건 뭐하는 거지, 오르한?"

"순네트라고 하는 의식이야."

"순네트가 뭐지?"

"응, 터키 말로 순네트는 할례를 의미해. 다른 이슬람 국가에서는 순나라고도 하지. 우리 나라에서는 대여섯 살쯤 되면 누구나 할례를 하는 풍습이 있어. 진정한 남자가 되어 우리 사회의 구성원으로 인정받는 날이지."

"오르한 너도 할례를 했니?"

"응, 초등학교 들어가기 전에 마을 친구들과 함께 할례를 했지."

"어떻게 하는 건데?"

"예리한 칼로 생식기 일부를 잘라 내는 거야."

"끔찍해라, 왜 그런 무서운 짓을 하는데? 매우 아플 텐데."

"이슬람에서 꼭 지켜야 하는 가르침이라 아파도 참아야 돼."

"교수님, 이슬람에서는 왜 그렇게 끔찍한 계율을 강요하고 있나요?"

"강요라기보다는 권고 사항이지. 이슬람에서는 마음의 깨끗함 못지않게 육체적 청결도 매우 강조하고 있단다. 하루 다섯 번 예배 보기 전에 반드시 손발을 깨끗이 씻는 것과 같이 가장 더러워지기 쉬운 생식기 끝을 잘라 내어 질병이나 더러움으로부터 자신의 육체적 건강을 지키려는 것이지."

"그럼 여자는 어떻게 해요?"

"물론 아프리카 일부 이슬람 사회에서는 여성에게도 할례를 강요해 커다란 사회문제가 되고 있지만, 이슬람에서 여성 할례는 전혀 강제적인 의무가 아니고 권고 사항도 아니야. 순전히 아프리카적인 풍습이라고 볼 수 있지."

"이제야 알았어요. 그러니까 남성 할례는 육체적 청결을 위한 종교적 의무이지만, 여성 할례는 종교적 가르침과 상관없는 아프리카의 토착 관습이군요."

할례를 한 아이

우리는 신이 나서 할례를 한 아이를 따라 골목골목을 한참 동안 같이 다녔다. 아이를 본 빵집 아저씨가 갑자기 손에 초콜릿을 들고 와 아이에게 쥐여 주고 볼에 키스하며 축복을 내려 주었다.

길 가던 어떤 할머니는 터키 돈 1리라(천 원 정도)를 아이에게 주면서 터키를 위한 큰 인물이 되라는 축복의 말씀을 던졌다. 그 아이가 버스에 올라타니 버스에 있던 모든 승객들이 서로 자리를 양보하며 큰 박수를 쳐 주었다. 한결같이 터키 사회를 위한 훌륭한 사람이 되라는 마음의 축하를 보내 주었다. 버스 기사 아저씨는 차비까지 받지 않았다.

참 부러운 모습이다. 할례를 한 아이에게 이웃과 시민들이 축복을 보내고 모르는 사람인데도 선물을 주면서 격려하는 풍습이 진정한 이슬람 사회의 장점인 것 같았다.

그러한 축복을 받은 아이는 틀림없이 자신의 조국인 터키를 위해 보람 있는 일을 할 수 있을 것 같았다. 아침부터 저녁까지 학교에서 학원으로 가고 야자, 과외, 시험에 시달리는 한국 아이들의 모습을 떠올리니 할례를 한 아이에게 부끄럽기도 하고 한편 그 아이가 부럽기도 했다.

메블라나 루미

다음 날 우리는 버스를 타고 코냐라는 도시로 가 보았다. 셀주크 투르크의 옛 수도였고, 이슬람 신비주의라는 독특한 종교 운동이 시작된 곳이라 한다. 무엇보다 중세 이슬람 세계 최고의 민중 철학자이자 사상가였던 메블라나 루미라는 인류의 스승을 만나 보고 싶었다.

메블라나 루미가 잠들어 있는 메블라나 박물관으로 갔다. 초록색 돔이 돋보이는 박물관은 바로 루미의 묘당이기도 했다. 터키 전국에서 몰려든 순례객들로 발 디딜 틈도 없이 복잡했다. 멀리 외국에서 온 참배객들도 있었다.

"오르한, 너도 메블라나 루미를 알고 있니?"
"터키 학생들은 모두 잘 알고 있어. 그렇지만 그분의 가르침을 자세히는 잘 몰라. 다만 종교의 차이나 계급에 상관없이 모든 사람들에게 손을 내밀었던 화해와 용서의 스승이라고 학교에서 배웠어."

테러가 떠오르는 이슬람에서 용서와 화해의 스승이라니! 갑자기 궁금증이 막 치솟아 올랐다.

"교수님, 도대체 메블라나 루미가 누구고 그의 가르침이 뭐기에 이렇게 많은 사람들이 몰려들고 있나요?"

코냐에 있는 메블라나 박물관 입구

"이슬람은 아랍인 예언자 무함마드에 의해 아랍어 꾸란으로 계시되지 않았니? 그런데 이슬람이 아랍의 경계를 넘어 이란이나 중앙아시아로 퍼져 가고 난 후, 꾸란이 너무 어려워 이슬람은 아무도 이해할 수 없는 지식인들의 종교가 되어 갈 위험이 있었지. 그때 메블라나 루미는 아랍어를 모르고 꾸란을 익히지 않아도 열심히 기도하고 명상하고 간절히 하느님을 원하기만 하면 하느님은 누구에게나 오신다는 가르침을 펼쳤단다. 그러면서 하느님을 만나는 방식으로 명상 춤을 추는 독특한 종교의식을 창안했지. 하느님을 염원하면서 둥글게 명상 춤을 추면서 어느 순간 엑스터시를 경험하고 하느님을 만나는 방식이야."

"너무 어려워요. 춤을 추면서 하느님을 만난다니."

"반드시 춤만이 아니라 기도나 명상 등 여러 가지 다른 방식으로 신을 만나고 이슬람을 깨치는 길을 열어 놓은 셈이지. 그래서 글자를 모르는 일반 사람들이나 아랍어를 모국어로 사용하지 않

메블라나 루미 묘소 | 명상 춤을 추는 모습

는 이란, 터키, 중앙아시아, 인도 등지에서 메블라나의 사상이 크게 퍼져 갔지. 이를 이슬람에서는 수피즘이라고 불러. 우리말로 하면 이슬람 신비주의지."

"이해가 되는 것도 같고, 안 되는 것도 같네요. 그런데 그분의 가르침이 구체적으로 무엇이기에 이렇게 많은 사람들을 끌어들이고 있나요?"

"그분은 무한한 용서와 화해를 부르짖으셨다. 신을 믿든 안 믿든, 어떤 직업을 가졌든 어떤 신분을 가졌든 모든 인간은 하느님 앞에 평등하다고 가르치면서 이렇게 외쳤다고 해.

오라! 오라! 백번을 다시 오라! 네가 누구든 간에!
용서하라! 용서하라! 누가 무슨 잘못을 저질렀더라도!

그리고 인류에게 주는 일곱 가지 교훈을 남겼어. 지금도 우리의 가슴을 치는 좋은 말씀이지.

남에게 친절하고 도움 주기를 흐르는 물처럼 하라
연민과 사랑을 태양처럼 하라
남의 허물을 덮는 것을 밤처럼 하라
분노와 원망을 죽음처럼 하라
자신을 낮추고 겸허하기를 땅처럼 하라
너그러움과 용서를 바다처럼 하라
있는 대로 보고, 보는 대로 행하라

메블라나 루미의 가르침을 인류가 간직해야 할 아름다운 전통으로 삼기 위해 유네스코는 2007년을 '메블라나 루미' 해로 선포하고 전 세계적으로 그를 추모하고 그의 사상을 기리는 여러 가지 행사를 벌이기도 했지."

초죽 바이람 행사

다음 날 이스탄불에 돌아오니 길거리가 온통 축제 분위기였다. 깃발이 나부끼고 아이들이 교복과 제복을 차려입고 브라스 밴드가 길거리를 메우고 있었다. 시민들은 모두 나와 구경을 하고 있었다. 4월 23일이다.

"야, 굉장한데! 오늘이 무슨 날이야, 오르한?"

"오늘은 초죽 바이람이야. 어린이 축제인 셈이지."

"우리나라에도 '어린이날'이 있어. 그렇지만 이렇게 거창하지는 않은데, 터키는 특별하네."

"4월 23일, 터키의 어린이날은 세계의 어린이날로 선포될 정도로 우리에게는 큰 의미가 있어. 바로 우리의 초대 대통령인 케말 아타튀르크가 1920년 4월 23일 터키에서 처음으로 국회가 개원한 날을 어린이에게 바쳤단다."

"야 대단한데. 그러면 오늘이 국경일이라는 말이지?"

"물론 국경일이고 전 국민의 공휴일이지. 국민이 주인이 되는 새로운 국회가 열리는 날이 바로 미래의 주인공인 어린이의 날로 정해진 거야. 그래서 유니세프가 4월 23일을 세계 어린이의 날로 선포하게 되었고. 그래서 우리 터키 어린이들은 이날에 큰 자부심을 느끼고 있어. 그래서 성대하게 기념하는 거야."

모처럼 어린이 축제에 함께 참여하는 좋은 기회를 가진 후, 이스탄불의 신시가지를 방문했다. 신시가지라 해도 적어도 2백 년 이상 된 건물들이 빼곡히 들어서 있었다. 골든 혼이라는 좁은 바다를 사이에 두고 성 소피아 성당이 있는 맞은편 언덕에는 갈라타 타워가 서 있다. 그곳 꼭대기에서는 이스탄불의 역사 도시를 한 눈에 내려다볼 수 있었다.

그런데 놀랍게도 갈라타 타워가 있는 지역은 전통적으로 유대인 구역이라고 한다. 아니나 다를까 바로 골목 안에는 다비드의 별이 선명한 유대교 회당 시나고그가 자리 잡고 있었다. 99퍼센트가 이슬람을 믿는 터키에서 유대교 회당을 보니 기분이 묘했다. 두 종교는 붙으면 서로 싸우는데 어떻게 유대인들이 이스탄불에서 오랫동안 잘 견디며 살 수 있을까 궁금했다.

이슬람과 유대교

"오르한, 너도 여기 자주 오니?"

"그럼. 갈라타 타워 구경하러 자주 오고, 우리 학교에는 유대인 친구들도 있어."

"아이들이 왕따 시키고 못살게 굴지 않니?"

"전혀 그런 것 없어. 우리는 종교는 달라도 이미 5백 년도 더

넘게 이웃으로 살고 있는걸. 아무 문제도 없어."

"교수님! 만날 유대인인 이스라엘과 팔레스타인에 사는 아랍인들이 전쟁하는 것이 종교 때문이지 않아요? 어째서 이스탄불에

갈라타 타워

서는 서로가 잘 지내고 있지요?"

"원래 두 민족은 같은 조상을 모시는 한 형제로 역사적으로도 다툼보다는 서로 함께 살아온 경험이 훨씬 많단다. 특히 1492년 이슬람이 지배하던 스페인이 다시 가톨릭으로 넘어가자 스페인에 있는 많은 유대인들이 박해를 피해 이스탄불로 왔단다. 그것이 이미 520년 전의 일이지. 그리고 이스탄불에서 뿌리를 내리고 잘 살고 있단다. 그들은 이스라엘로 돌아가지 않고 터키에서 성공했지. 터키의 최대 일간지도 유대인이 발행하고, 터키의 대기업 중에는 유대인이 주인인 경우가 많단다. 터키 사람들은 아무런 편견 없이 유대인 가게에서 물건을 사고 그들과 이웃해서 한 국민으로 잘 살고 있지. 이게 원래 모습이야."

"팔레스타인에서는 그럼 왜 그렇게 싸우나요?"

"그건 종교의 문제라기보다는 영토와 주권의 문제지. 이스라엘이 미국의 도움으로 아랍인들이 살고 있는 팔레스타인 땅에 나라를 세우고 그곳에 사는 아랍 사람들을 쫓아냈지. 그 숫자가 무려 5백만 명에 이른단다. 그들은 나라를 잃고 자신들의 집과 토지를 뺏기고 여러 나라를 돌아다니면서 빼앗긴 땅을 되찾고자 이스라엘과 힘든 전쟁을 하고 있단다. 특히 1967년 3차 중동전쟁 이후로 이스라엘이 국제법을 어기고 이웃 아랍 영토까지 차지하고 있단다. 유엔에서 아무리 결의안을 통과시켜 이스라엘에게 군대를 철수시키고 영토 반환을 하라고 촉구해도 이스라엘은 아직도 남의 땅을 차지하고 돌려주지 않고 있어. 심지어 남의 땅에 외

아름다운 이스탄불의 모습

국에서 이주해 온 유대인들을 데려다 마을을 지으면서 그 땅을
자기 것으로 만들려 하니까 팔레스타인 사람들은 자살 폭탄 공격
까지 하면서 자신의 땅을 찾으려 투쟁하고 있는 중이지."

"아니, 그럼 유엔이나 국제사회는 뭘 하나요? 이스라엘을 강제
로라도 철수하도록 해야지요."

"그런데 미국이 일방적으로 이스라엘 편을 들고 있어. 미국이
가장 강한 나라니까 누구도 이 문제를 해결하지 못하고 있는 딱
한 사정이란다."

"아! 팔레스타인 사람들만 불쌍하네요. 세상에는 불공평한 것
이 너무 많아요."

아름다운 터키를 보고 기분이 좋았다가 이스라엘과 팔레스타

인 사이의 충돌과 갈등을 알고 나니 가슴이 아팠다. 그래도 이스탄불의 터키인과 유대인들이 함께 나누면서 협력해서 살아가는 것을 보고 아랍에서도 무슬림과 유대인들이 함께 살아갈 수 있지 않을까 하는 희망을 가져 보았다.

사막에 첨단 도시를 세운 21세기 아랍 국가

아랍에미리트

ARAB EMIRATES

사막 한가운데 엄청난 규모의 국제도시로 유명한 아랍에미리트. 지금은 아시아와 유럽을 잇는 허브 공항인 두바이로 유명하고, 세계에서 최고로 높은 건물과 개방된 모습으로 이슬람 국가의 다른 면모를 보여 준다. 아랍에미리트에서 이슬람에서 유래한 말들과 결혼식 풍경 등 좀 더 생활에 밀착된 이슬람 문화를 살펴본다.

아랍에미리트 ARAB EMIRATES

아랍에미리트는 일곱 개의 토후국으로 구성된 나라다. 그중 가장 중심이 되는 토후국이 아부다비다. 그래서 아랍에미리트의 수도는 아부다비다. 그렇지만 우리에게 가장 잘 알려진 토후국은 두바이이고 그 중심 도시 이름도 두바이이다. 유럽이나 아시아에서 중동으로 가는 가장 편리한 허브 공항이 두바이이기 때문이다. 우리는 두바이를 살펴보기로 했다.

사막 한가운데 최첨단 도시 두바이

몇 시간이고 비행기에서 내려다보이는 것은 사막뿐이었는데 비행기가 두바이 공항에 가까이 가자 도시가 아래로 보이고 군데군데 녹색 공원과 골프장 등이 보인다. 공항은 그야말로 그 크기가 대단했다. 입국 검사를 받는 곳까지도 모노레일 기차를 타고 가야 되고 공항 안 면세점에는 그야말로 세상을 옮겨 놓은 듯 온 갖 브랜드와 온 세상 사람들로 가득 했다. 국제도시 두바이의 모습이 그대로 드러났다. 입국 수속도 간단하고 짐 검사도 없이 공항 밖으로 나왔다. 이른 새벽인데도 바깥을 나서니 숨이 꽉 막히는 더위가 우리를 반긴다.

멀리서 '민지 환영' 이라고 쓴 팻말을 들고 한 아랍 학생이 나를 기다리고 있었다.

"민지! 아흘란 와 사흘란(환영합니다)! 케이파 할라쿰(안녕)?"

"안녕, 내가 민지야! 반가워. 많이 기다렸지?"

"괜찮아! 내 이름은 막툼이라고 해. 이곳 라쉬드 중학교 1학년

두바이 국제공항의 모습

이야. 반가워. 교수님도 반가
워요."

"앗쌀라무 알라이쿰 막툼,
케이파 할라쿰(신의 평화가 너에
게 함께하기를. 안녕 막툼)!"

"와 알라이쿰 살람, 우스
타드! 쿠웨이스 알함두릴라
(교수님에게도 신의 평화가 있기를,
안부를 물어 주셔서 감사해요)!"

"막툼, 도대체 오늘 날씨
가 몇 도나 되는 거야?"

부르즈 알 아랍의 모습

"지금 시간에는 38도 정도야. 낮에는 45도까지 올라가."

"이런 무더위에 사람들이 어떻게 살지? 일을 어떻게 하고?"

"모든 가정과 사무실에는 에어컨이 있어 일하는 데는 아무 문
제가 없어. 에어컨이 없어도 건물 안이나 나무 그늘 같은 곳에서
는 견딜 만해."

막툼이 우리를 맨 먼저 데려간 곳은 주메이라 지역이었다. 사
막의 신기루를 현대에 이룩한 새로운 도시의 중심지였다. 이곳이
사막에 세워진 도시라는 사실이 도저히 믿어지지 않았다.

바닷물을 막아 호수처럼 만든 곳에 새로운 호텔과 유럽식 레
스토랑, 쇼핑몰이 줄지어 들어차 있다. 그곳의 쇼핑몰로 들어갔

두바이의 실내 스키장

다. 물건 구경보다는 우선 더위를 피하고 싶었다. 한 시간을 걸어
도 끝이 보이지 않을 정도로 규모가 엄청났다. 이웃 아랍 국가에
서 놀러온 관광객들이 그 넓은 쇼핑몰을 꽉 채우고 있었다. 쇼핑
몰을 지나가다가 '두바이 스키'라는 표시를 보고 깜짝 놀랐다.

"이곳에 스키장이 있어?"
"이 쇼핑몰 안에 실내 스키장이 있어."

40도가 넘는 뜨거운 사막 한가운데에 스키장이 있다니 도저히
믿을 수가 없었다. 그래서 서둘러 스키장으로 가 보았다. 과연 스

키장에서는 많은 사람들이 스키를 타고 있었다. 색색의 스키복을 입고 리프트를 타고 높은 곳으로 올라가 신나게 스키를 타고 내려오는 모습은 마치 동화 속의 한 장면 같았다. 연간 입장객이 50만 명에 이를 정도로 붐빈다고 한다.

사막에 실내 스키장이라는 발상으로 세계인들을 끌어 모으는 이 나라 사람들의 아이디어가 그저 놀라울 뿐이다. 쇼핑몰을 나와서 조금 걸으니 돛단배처럼 생긴 건물이 눈길을 끈다. 책에서 보았던 유명한 세븐 스타 호텔 부르즈 알 아랍이다. 입장료를 내고 안으로 들어가 보기로 했다.

과연 으리으리했다. 로비에서 2층으로 올라가는 벽면 전체가 수족관이다. 엘리베이터는 전체가 황금색이다. 실제로 황금 칠을 했다고 한다. 옥상에서 내려다보는 걸프해는 아름답다기보다는 많은 생각을 하게 했다.

바로 이 바다에서 세계 석유의 60퍼센트가 생산되고 전 세계로 공급된다고 한다. 이곳은 지구촌 에너지의 가장 중요한 공급처이다. 그래서인지 걸프해를 사이에 두고 이란 이라크 전쟁이 일어났고, 두 차례에 걸쳐 미국과 이라크 사이에 전쟁이 일어났고, 지금도 미국과 이란이 서로 으르렁거리고 있다.

부르즈 칼리파와 두바이의 인도인들

"그런데 막툼, 얼마 전에 완공되었다는 세계에서 가장 높은 건물은 어디 있니? 빨리 보고 싶어."

"너무 서두르지 마. 우리 나라에서 서두르는 것은 좋은 태도가 아니야. 인샬라, 다 신의 뜻이지. 이렇게 더운데 서두르면 너무 힘들어."

"인샬라! 서두르지 않을게. 신의 뜻이니까."

"날씨가 흐리고 사막 먼지 때문에 잘 보이지 않겠지만, 자세히 보면 바로 저기 높다란 건물 형체가 보이지? 그 건물이 바로 부르즈 칼리파야. 180층으로 세계에서 가장 높은 빌딩이지. 높이가 무려 800미터에 이른대."

"가까이서 보고 싶어. 가 보자. 그런데 길에 유난히 인도 사람처럼 생긴 사람들이 많이 보이네."

"두바이에는 인도 사람들이 많아. 전체 인구의 약 70퍼센트가 인도 사람들이야. 두바이 인구가 얼마 되지 않기 때문에 임금이 싼 인도인들을 데려다가 이런 엄청난 공사 일을 시키고, 두바이 도시 곳곳의 많은 일들을 그들에게 맡긴단다. 그래서 심지어 두바이에서는 아랍어가 통하지 않는다고 말할 정도로 인도인들의 역할이 중요해."

"그래서 막툼이 영어를 잘하는구나"

"학교에서도 영어를 필수 과목으로 배워. 두바이에서는 영어를 모르면 살아가기가 아주 불편하거든. 슈퍼마켓에 가서 물건을 살 때도, 식당 가서 음식 시켜 먹을 때도, 주유소에서 기름을 넣을 때도 택시나 버스를 탈 때도 영어로 이야기해야 돼. 그곳에서 일하는 사람 대부분이 영어를 하는 인도인들이니까."

"아랍이면서도 아랍어가 잘 통하지 않다니 정말 놀라운 도시로구나."

아랍 지역의 대학들

"막툼, 앞으로 넌 외국으로 공부를 하러 갈 거니? 너희 나라에도 좋은 대학이 있어?"

"우리 나라에도 세계적인 대학이 있어. 아메리칸 대학, 존스홉킨스 대학을 비롯해 미국이나 영국의 유명 대학들이 연이어 문을 열고 있고, 아부다비나 두바이에 있는 아랍 대학들도 대부분 영어로 수업을 하고 있어. 그래서 요즘에는 유럽 학생들이 오히려 우리 나라로 유학을 많이 온다고 해."

"학교 수업료가 많이 비싸겠다."

"외국 대학들은 사립이니까 등록금이 비싼 편이야. 그러나 대부분의 아랍 대학들은 등록금이 거의 없는 편이야. 물론 중학교나 고등학교까지는 교육비를 오히려 국가에서 지원해 주고 있고."

"막툼의 이야기를 듣고 보니 과연 아랍에미리트는 아랍이면서도 가장 서구적인 모습을 갖고 있구나. 언론을 통해 듣는 것하고 직접 와서 보는 것은 엄청난 차이가 있구나."

"그뿐만 아니에요, 교수님! 두바이 슈퍼마켓에는 돼지고기도 팔아요. 아마 아랍 도시 중에서 돼지고기를 파는 유일한 곳일 거예요."

"무슬림들이 그렇게 싫어하는 꾸란에서도 금기한 돼지고기를 이곳에서 판단 말이야?"

"물론 무슬림들이 아닌 외국인들을 위한 것이기는 해. 이처럼 두바이는 누구도 이슬람 문화 때문에 불편을 느끼지 않아도 되는 독특한 아랍 도시야."

"원래 이슬람은 과거에도 소수민족과 다른 종교에 대해 관용을 베푸는 전통이 있었어. 아랍 시대에는 딤미라는 계층을 인정하여 그들의 종교적 자유와 소수민족으로서의 문화와 전통을 지킬 수 있게 배려해 주었고, 15세기 이후 오스만 제국 시기에도 밀레트라는 제도를 만들어 기독교인이나 유대인들이 마음껏 종교의 자유를 누렸지. 이처럼 소수민족과 다른 종교에 관한 관용과 삶의 방식에 대한 존중은 오랜 이슬람 역사의 전통이지."

"그러고 보면 두바이는 원래 이슬람 정신으로 돌아간 셈이군요."

"그런데도 두바이의 지나친 개혁과 개방 정책은 이웃의 많은 아랍 국가들에게 지나친 세속화라고 비난을 받고 있지. 그러면서도 이 나라들은 두바이 모델을 따라가기 위해 애를 쓰고 있지."

"막툼, 아랍에미리트가 이렇게 전 세계인의 찬사를 받으면서 풍부한 석유 자본으로 잘살게 된 것은 언제부터야? 석유가 나기 전에는 어떻게 무얼 하고 살았는지 무척 궁금해."

"좋은 질문이야. 나도 우리 조상들이 어떻게 살았는지 무척 궁금했거든. 두바이 박물관으로 가 보자. 원래의 두바이 모습을 봐야 지금의 두바이가 이해가 될 거야."

석유 개발 전 아랍에미리트 사람들의 삶

두바이 박물관은 시내 중심가에 전통적인 성채 모습을 하고 원래 전통 가옥에서 쓰이는 밀짚으로 창을 만들어 놓았다. 그 속에는 두바이가 신도시로 발전하기 이전의 진주 조개 잡이를 하는 모습에서부터 두바이 사람들의 생활 도구들이 전시되어 있었다.

역사적 유물이 너무 적어 오히려 민속 박물관 같은 성

두바이 박물관 입구

격이 강했다. 너무 초라하다 싶었는데 모래를 깔아 놓은 길을 따라 옆방으로 옮기니 드디어 석유의 시대가 시작되었다. 막대한 석유 수입으로 사막을 첨단 도시로 바꾸는 과정이 잘 설명되어 있었다.

"교수님! 만약 두바이에 석유가 없었다면 지금쯤 어떤 모습이었을까요?"

"역사에 만약이라는 것이 있을 수 없지만, 외국인 노동자 없이 두바이 사람들끼리 진주 채집이나 고기잡이, 그리고 인근 나라와 작은 무역을 하면서 소박하게 살아가고 있겠지."

이슬람 장례 풍습

오후 4시쯤 세 번째 예배를 알리는 아진이 울리고 나서 사람들이 하나둘씩 근처 모스크로 몰려들고 있었다. 이제는 아무런 편견 없는 익숙한 장면이다. 막툼이 예배를 보는 동안 우리는 모스크 정원을 산책했다. 참석한 무슬림들은 예배를 마치고 나서 다시 모여 모스크 뒤편 정원으로 모여들었다.

탁자 위에 놓인 관 앞에서 장례 예배를 드렸다. 모두들 일렬로 서서 앞에 선 이맘의 '알라후 아크바르' 라는 구호에 맞춰 손을 귀밑까지 들었다 내렸다 하는 동작을 네 번 반복하며 진지하고 숙연한 자세로 예배를 드렸다. 나로서는 처음 보는 특별한 모습이었다. 그러고는 예배에 참석한 사람들이 차례로 관을 메고 묘지로 향했다.

"이슬람에서도 죽은 사람을 땅에 묻는 매장 관습이 있어? 그럼 묘지가 따로 있는 거야?"

"이슬람교에서는 반드시 매장을 해. 시신을 불에 태우는 화장이나, 새들에게 시신을 내어주는 조장 같은 장례 풍습은 금지되어 있어."

"교수님, 왜 무슬림들은 매장을 고집하나요?"

"이슬람교에서는 생명이 죽으면 최후의 심판 일에 육체와 영혼이 함께 부활하여 신 앞에 나선다고 믿어. 그래서 시신을 훼손하는 화장 같은 것을 하지 못하게 한단다. 그리고 특히 사람이 죽으면 24시간 이내에 빠른 장례 의식을 치른단다. 물론 날씨가 더워 죽은 사람을 오래 모시지 못하는 환경적인 이유도 있겠지만, 영원한 삶이 기다리는 천국으로 하루빨리 보내 드

이슬람식 장례 풍경

리고자 하는 종교적 열망 때문이기도 하지."

"묻을 때는 어떤 특별한 의식이나 방식이 있나요?"

"일단 땅을 파고 시신의 머리 방향을 메카 쪽으로 향하게 누인 다음 관을 사용하지 않고 시신을 하얀 천에 싼 채로 묻고 흙을 덮는 거지. 그러면서 가족들과 친구들이 묘지 옆에 함께 모여 꾸란 구절을 낭송하며 고인이 천국으로 들기를 기도해 주지."

"메카 쪽으로 머리를 두는 것은 하느님의 품으로 돌아간다는 의미겠군요."

"브라보, 이제 민지가 거의 전문가 수준이 되어 가는구나."

해가 지고 나니 온도가 내려가 제법 선선해졌다. 막툼의 삼촌인 압둘라가 자동차로 우리를 데리러 왔다. 저녁 먹을 시간까지는 여유가 있다면서 우리를 경마장으로 데려다 주었다.

이슬람에서 유래한 말들

"지금이 벌써 7시인데 저녁 시간은 언제예요, 압둘라 삼촌?"

"보통 9시나 10시쯤 저녁을 들지."

"그럼 점심은요?"

"낮잠 자고 나면 4시나 5시쯤."

"낮잠을 자요?"

"우리 나라나 아랍 지역에서는 낮에는 너무 더워 오후 2시부터 5시 정도까지 일을 하지 않고 쉬거나 낮잠을 즐긴단다."

"유럽 남부 지중해 지역에서도 '시에스타'라고 해서 낮잠을 자는 풍습이 있는데, 서로 닮았군요."

"사실 지중해 유럽의 시에스타는 아랍 문화의 영향이라 볼 수 있지. 스페인을 8백 년간이나, 그리고 프랑스나 이탈리아 남쪽을 오랫동안 아랍이 지배하면서 우리의 낮잠 자는 문화가 그곳에 전달되었지."

"시에스타가 아랍 문화의 영향이라니 참으로 새롭네요."

"그뿐인가, 아랍 문화가 유럽에 전해져서 르네상스가 일어나고 인류 사회에 기여한 것이 얼마나 많은데."

"교수님, 압둘라 삼촌의 말이 맞나요? 정말 궁금해요. 아랍이나 이슬람 문화가 유럽의 르네상스를 일으켰다니 믿어지지가 않아요."

"사실이야. 다음 글을 한번 잘 읽어 봐."

"아침 일찍 일어나 샤워하고 코튼cotten 타월towel로 몸을 닦고 오렌지orange와 함께 캐비어caviar를 올린 샌드위치와 커피coffee 한 잔으로 아침 식사를 하고 출근했다. 해외 업무를 하면서 관세tariff 문제로 고민하다가 수표cheque를 끊어 주며 마무리했다. 점심에는 샤프란saffron을 뿌린 카레를 먹고 아이스티 잔에 설탕sugar이 잘 녹지 않아서 시럽syrup을 넣어 저어 마셨다. 창가에 앉아 조용히 음악music을 듣고 있으니 튤립tulip과 라일락lilac이 오늘따라 더욱 참 청초해 보인다. 퇴근해서는 자스민jasmine 향을 뿌린 욕조bathtub에서 하루의 피로를 푼 후 파자마로 갈아입고 '연금술사' alchemy라는 책을 읽었다. 알코올alcohol과 알칼리alkali 같은 화학chemistry적 내용은 물론 철학philosophy, 천문학astronomy, 물리학physics, 대수학algebra 등 폭넓은 지식을 담은 책이었다."

"위에서 영어로 표기된 단어들의 어원이 중동과 아랍어야."

"교수님, 정말이에요? 믿어지지 않아요. 그런데 욕조 베스텁 bathtub은 영어라고 배웠는데요."

"민지가 대단하구나. 'bathtub' 이라는 단어 자체는 영어이지만 욕조라는 문화를 맨 먼저 만든 것은 아랍이란다. 문화는 필요의 산물이거든. 아랍인들은 서로 친한 사이라도 발가벗고 목욕하는 것을 아주 예의가 없는 짓이라고 여겨. 그러니 서로 벗고 목욕하는 공중목욕탕이라는 것이 없겠지. 따라서 개인 목욕을 하는 욕조의 필요성이 어떤 다른 문화권보다도 강할 거 아니겠니."

"그런데 왜 우리는 지금까지 이런 단어나 문화가 유럽적인 것이라고 배워 왔는지 궁금해요."

"우리가 제대로 배우지 못했을 뿐이지. 유럽의 르네상스가 15세기 말에서 16세기 초부터 출발하지만 사실 유럽의 르네상스를 가능하게 했던 지적, 문화적 하부구조는 이슬람 세계였단다. 적어도 9세기 말부터 13세기까지 세계 최고 수준의 학문과 과학 기술을 축적한 것은 이슬람 세계였고, 이미 그 당시 그리스 로마의 모든 문화를 아랍어로 재해석하고 인도 문화는 물론 중국과 비잔틴, 페르시아의 문화를 집대성했단다. 그 문화적 결실을 이슬람이 8백 년간이나 지배하고 있던 스페인의 톨레도 번역소를 통해서 유럽에 전해 줌으로써 유럽에 르네상스가 일어나는 단단한 원동력이 된 셈이지."

"유럽을 통해 세상을 보는 태도를 바꿔야겠다는 생각이 들어요. 중동과 아랍에는 테러만 있다는 생각이 너무 짧았어요."

"맞아, 테러는 일부분인데 그것 때문에 아랍 이슬람 문화가 인류 문명에 끼친 화려한 영향과 공헌이 가려져서는 안 되지. 중세까지 발달했던 이슬람 문화가 산업혁명 이후에 유럽을 통해서 받아들여졌기 때문에 우리가 유럽 문화의 어머니 역할을 했던 중동이나 이슬람 문화에 대해서는 관심을 가질 수가 없었지. 결국 중동과 이슬람 세계를 1970년대 이후 석유 위기나 건설 시장으로 접하게 되었고, 특히 20세기 말 이후에는 전쟁과 폭력이라는 뉴스거리 중심으로 이 문화권을 접하면서 문화적 왜곡이 심화되었던 셈이지."

교수님 말씀을 듣고 크게 뉘우친 부분이 있었다. 이제는 일그러진 중동이 아닌 중동 문화의 원래 모습도 함께 바라보아야 한다는 것이다. 우리와도 친숙한 문화로 중동과 이슬람 문화를 이해하는 것이 필요하다. 지금 우리가 쓰는 식품, 섬유, 학문, 생활 용어 중에 아랍어가 의외로 많이 있었다. 알코올, 알칼리는 물론이고 카라반caravan, 갈라gala 파티, 우리가 매일 보는 잡지magazine, 천국paradise, 제로zero……. 이런 단어들이 모두 중동어 혹은 아랍어이다.

유럽의 시에스타가 아랍에서 유래되었다는 이야기를 하는 사이 자동차가 경마장에 도착했다. 그런데 말은 보이지 않고 덩치 큰 낙타들만 주위를 맴돌고 있었다. 그곳은 말이 경주하는 경마장이 아니라 낙타 경주장이었다.

입장료를 내고 들어가니 낙타들이 출발선에서 경주를 준비하고 있었다. 놀라운 것은 낙타 안장 위에 사람들이 타지 않고 로봇을 앉혀 놓은 것이었다. 총성과 함께 낙타들이 출발하자 기수들은 낙타에 타지 않고 원격 조정기로 열심히 낙타를 채찍질하고 고함치면서 열심히 버튼을 누르고 있었다.

넓고 넓은 경마장에 자신이 내기를 한 낙타가 앞설 때마다 사람들이 환호하고 사람이 타지 않은 낙타는 있는 힘을 다해 빠른 속도로 달리고 있었다. 말보다 더 빨리 달리는 것 같았다. 새로운 경험이었다.

"막툼, 왜 낙타에 사람이 타지 않아? 탈 수 있는 안장까지 다 만들어 놓고."

"전에는 기수들이 낙타 등에 직접 타고 경주를 했는데 네가 보다시피 낙타 안장이 높고 너무 빨리 달리다가 낙타 등에서 떨어져 많은 기수들이 죽고 다쳤대. 그래서 언제부터인가 정부에서 낙타에 사람이 직접 타서 경주하는 것을 법으로 금지해 버렸어. 재미는 덜하지만 사람 목숨을 보호하기 위한 것이지."

특별한 이슬람 결혼 풍경

경마장 아닌 경낙장을 나오니 막툼이 저녁에 우리 모두가 초대를 받았다고 좋아한다. 막툼 고모 결혼식이 있는데 우리가 와도 좋다는 연락을 받았다고 한다. 좋은 기회라 호텔로 돌아와 깨끗한 옷으로 갈아입고 교수님과 막툼네 고모 결혼식장으로 갔다.

도착한 곳은 바로 고모의 집이었다. 결혼 예식은 없고 그저 친척들과 아는 사람들이 모여 춤추고 밴드를 불러 노래하며 놀고 있었다. 남녀가 서로 다른 방에 모여 놀기 때문에 막툼과 교수님은 남자들의 방으로, 나는 여자들의 방으로 갔다. 그곳에서 아미라라는 막툼의 누나가 나를 안내하고 보살펴 주었다.

"아흘란 와 싸흘란, 민지(민지가 온 것을 환영해). 나는 아미라라고 해, 막툼의 누나야."

"안녕하세요, 아미라 언니. 난 한국에서 온 민지예요."

아미라 언니의 안내를 받아 방으로 들어가니 그곳에는 상상할 수 없는 일들이 벌어지고 있었다. 모두들 히잡을 벗어 던지고 화려한 옷차림을 하고는, 저마다 어깨춤을 추며 신

이슬람 결혼식 모습

나게 놀고 있었다. 가슴이 드러나는 옷과 짧은 치마를 입었고 목과 팔에는 주렁주렁 화려한 보석을 걸쳤다. 바깥에서 보던 여성들과는 딴판이었다.

"아미라 언니, 왜 여자들이 이곳에서는 히잡을 벗고 짧은 치마를 입고 마음대로 춤을 추나요?"

"가족들이나 여자들끼리 있을 때는 히잡을 쓰지 않아도 돼. 마음껏 자유를 누리지. 물론 모르는 남자들과 함께 있는 곳에서는 히잡을 써야 하지만."

"음악과 춤이 이슬람에서 금지되었다는데 이렇게 화려하게 춤 추고 밴드를 불러 노래를 불러도 되나요? 이해할 수 없어요."

"물론 정통 이슬람에서는 사람을 타락하게 하는 춤과 건전하지 못한 음악을 금하고 있지만, 그건 어디까지나 엄격한 종교적 가르침일 뿐이야. 실제 생활에서는 춤과 음악이 허용된단다. 다만 너무 외설적이거나 선정적인 노래와 춤을 추지는 않아. 우리

의 전통적인 춤을 추지."

"결혼식은 언제 하나요? 벌써 밤인데."

"결혼식은 이미 오후에 했어. 신랑 신부가 증인 두 사람씩을 데리고 이슬람 사원에 가서 이맘 앞에서 선서를 하고 서명을 하면 돼. 결혼식은 아주 간단해. 그러고는 이렇게 밤새 파티를 벌이면서 많은 사람들이 와서 축하해 주고 함께 즐기고 노는 거지."

"신랑 신부는 어떻게 만나 결혼했어요?"

"서로 연애해서 결혼하는 것은 무척 힘들어. 부모의 허락 없이 다른 남자를 만나는 것이 쉽지 않거든. 그래서 중매인을 통해서 부모들 간에 합의를 한 다음에 서로 만날 수 있지. 우리 고모인 신부는 자기 사촌 오빠와 결혼하는 거야. 그러니 나에게 어떻게 되지? 아빠의 사촌 동생이니까 나에게는 5촌 아저씨가 되네. 우리 나라에서는 아직도 사촌 결혼을 많이 해."

나중에 교수님에게 이에 대해 여쭤 보았다.

"교수님, 왜 많은 신랑 신부들이 있는데 하필 사촌 결혼을 하나요?"

"오래전부터 아랍 사회에서는 사촌을 포함해서 가까운 친척끼리 결혼하는 근친결혼이 성행했단다. 결혼하게 되면 신부에게 '마흐르'라고 하는 큰돈을 지불해야 되는데 사촌끼리는 부모가 서로 형제니 이런 부담이 줄고 또 부족의 결속과 공동체의 단결을 위해 모르는 다른 부족과 결혼하는 것보다 같은 부족이나 집안끼리 결혼하는 것이 유리하니까 근친결혼 풍습이 생겼단다."

"이해는 되지만 받아들이기는 어려운데요. 결혼할 사람을 친척 중에서 고르다니요. 멋진 사람들이 얼마나 많은데. 저는 절대 아랍 사회에서 살고 싶지 않네요."

춤추고 노느라고 밤 10시가 되어도 식사할 생각을 하지 않는다. 차가운 음료와 단 과자들만 잔뜩 먹었다.

"아미라 언니, 저녁 식사는 언제 하나요? 배고파요."

"이제 곧 식사 준비가 될 거야. 밤새 먹고 놀기 때문에 10시쯤 식사가 나올 거야. 그리고 첫 예배 시간인 새벽 4시까지 계속 놀 거야."

결혼식 축제를 통해 뜨거운 낮에는 쉬거나 낮잠을 자고, 밤새 이동하거나 축제를 벌이는 아랍 특유의 밤 문화를 확인할 수 있었다. 책에서만 보고 듣던 내용과 이곳 아랍에서의 실제 생활은 많이 달랐다.

사촌 결혼의 허용과 일부다처제는 아직도 이해할 수 없고 받아들이기 힘들지만, 엄격한 줄로만 알았던 이슬람의 율법이 사실은 융통성이 많이 있다는 사실을 확인할 수 있었다. 그리고 이슬람 사회가 앞으로도 계속 변화하고 새로운 해석을 해 나가리라는 생각이 강하게 들었다.

중앙아시아 실크로드의 이슬람

우즈베키스탄

UZBEKISTAN

중앙아시아에 있는 무슬림들은 어떻게 살고 있을까? 중동, 아프리카 지역과 또 다른 느낌을 주는 중앙아시아의 이슬람 국가 우즈베키스탄. 실크로드의 중심지로 알려진 우즈베키스탄은 거대한 티무르 제국이라는 역사를 가지고 있다. 티무르 제국의 수도 사마르칸트에서 서구 중심 사고로 잊혀졌던 새로운 역사적 사실을 배우며, 우리 역사의 아픈 기억인 카레이스키에 대해서도 알아본다.

우즈베키스탄 UZBEKISTAN

우즈베키스탄의 수도 타슈켄트에 내리니 아랍 국가들과는 달리 영어식으로 된 간판이 우선 눈에 익었다. 물론 한두 글자는 러시아 시절부터 쓰던 키릴문자가 섞여 있지만 한 자도 알아볼 수 없었던 아랍어보다는 훨씬 친근감이 들었다. 공항에서 우리를 안내할 여학생인 굴친을 만났다.

중앙아시아의 이슬람

"안녕, 굴친! 난 민지야. 네 이름이 참 멋지다. 무슨 뜻이니?"

"'작은 장미'라는 뜻이야. 우리 나라에서는 여자들에게 장미와 관련이 있는 굴(장미), 굴친, 굴바흐체(장미 정원) 같은 이름을 많이 쓴단다."

"이슬람식 이름을 쓰지 않아?"

"물론 파트마, 아이쉐, 하티제, 마리얌 같은 예언자의 부인이나 꾸란에 등장하는 인물들의 이름을 따는 경우도 있지만, 반드시 종교적 이름을 쓰지는 않아."

"이슬람을 믿는 사람들이 얼마나 되는데?"

"우즈벡인들은 대부분 이슬람을 믿는다고 봐야지. 약 80퍼센트 정도. 그러나 사람들이 전부 열심히 예배를 본다거나 철저히 종교적 가르침을 따르지는 않아. 우리 전통문화와 잘 섞여 있고 다른 종교를 믿는 국민들과도 아무 마찰 없이 잘 지내."

"교수님, 중앙아시아의 이슬람은 아랍하고는 너무 달라요. 모스크도 잘 안 보이고 길거리에 히잡을 쓴 사람도 드물고요. 짧은 치마에 히잡을 쓴 여인들도 보여요. 흥미롭네요. 우즈베키스탄이나 중앙아시아에는 언제부터 이슬람이 퍼지기 시작했나요?"

"8세기 중엽이니까 이미 1250년이나 되었구나. 탈라스 전쟁이라고 들어 봤지? 이슬람 군대와 고구려 출신의 당나라 장군 고선지가 이끄는 군대가 맞붙은 전쟁이었지. 이 전쟁에서 불행하게도 고선지 장군의 군대가 패배해서 1만 5천 명이나 되는 중국 군인들이 이슬람 제국의 수도 바그다드로 끌려갔단다. 그 포로들 속에 섞여 있던 제지 기술자에 의해 중국 종이가 이슬람 세계에 널리 퍼지고, 곧 이어 유럽으로 건너가서 학문을 발전시키는 데 큰 역할을 했단다."

"선생님 저는 이슬람이 어떻게 중앙아시아에 들어왔는지 궁금하다니까요."

"조급하기는……. 탈라스 전쟁으로 당나라를 물리친 이슬람 세력이 그때부터 중앙아시아를 장악하면서 자연스럽게 이슬람이 퍼졌단다. 물론 많은 무슬림 군대들이 자기 나라로 돌아가지 않고 이곳에 머물기도 했고."

"전쟁이 학문과 문화를 퍼트리기도 하고 심지어 종교를 전파하기도 한다니 놀라워요."

"우리가 도착한 타슈켄트란 도시가 바로 고선지 장군이 점령했던 석국石國이란 곳이란다."

"석국! 그럼 돌나라란 뜻인가요?"

"그렇지. 터키 말로 '타슈'는 돌이란 뜻이고, '켄트'는 도시니까 돌의 도시인 셈이지."

"그런데 아무리 보아도 숲은 있는데 돌은 안 보이는데요."

"여기서 돌이란 보석을 의미한단다. 당시 타슈켄트는 실크로드의 길목 도시로서 보석이 풍성하게 생산되고 거래되었거든."

우즈베키스탄의 역사

"귤친, 왜 우즈베키스탄에서는 터키 말을 쓰니?"

"원래 투르크족은 한 뿌리 한 민족이야. 터키는 물론 아제르바이잔, 투르크메니스탄, 카자흐스탄, 키르기스스탄, 중국 신장의 위구르인들은 모두 투르크족으로 같은 말을 사용해."

"그럼 서로 말이 통한단 말이야?"

"물론 통하지. 그렇지만 방언처럼 발음이나 용어들이 서로 달라 완전히 이해하는 데는 몇 달 정도 걸리는 경우도 있어."

중앙아시아의 '스탄'으로 끝나는 많은 나라들이 투르크어를 사용하는 투르크 계통의 나라라는 사실도 처음 알았다. 민족이 같고 말이 같고 종교가 같다는 것은 대단한 통일성이다. 그런데 '스탄'이 무슨 뜻일까 궁금했다.

"교수님, 중앙아시아 이슬람 국가는 '스탄'으로 끝나는 것이 많잖아요. 무슨 뜻일까요?"
"페르시아 말로 '땅'이라는 뜻이야. 우즈베키스탄 하면 '우즈벡인들이 사는 땅' 정도의 의미겠지."

귤친은 역사에 관심을 보이는 나를 아미르 티무르 박물관으로 데리고 갔다. 푸른색 돔을 가진, 멀리서 보면 꼭 모스크 같은 건물이었다. 안으로 들어가니 고대에서부터 독립에 이르기까지 우즈베키스탄의 긴 역사를 차례로 잘 보여 주고 있었다.

흉노 시대에 만들어진 인류 최초의 카펫이라든가 우즈벡족의 조상인 돌궐 시대의 유물들은 특히 인상적이었다. 그러나 무엇보다 나의 눈을 의심케 한 것은 14세기 티무르 시대의 화려한 문화와 과학 기술의 발전이었다. 중앙아시아의 역사와 문화에 대해서는 학교에서도 거의 배운 적이 없었고, 유목 생활을 하던 그들의

문화는 농경 정착 생활을 하는 민족보다 후진적이라는 나의 생각
이 마구 흔들렸다.

무엇보다 무자비한 침략자이자 문화적 약탈자로만 알고 있던
티무르에 대해 더 자세히 알고 싶은 욕구가 생겼다.

"귤친! 박물관에 가 보니 티무르란 분이 대단한 왕이었던 것
같아."

"오늘날 우즈베키스탄을 이룩하신 분이야. 많은 우즈벡 국민
들이 존경하는 역사적 위인이지. 저기 공원에 말을 타고 하늘로
칼을 겨눈 동상이 서 있지? 그분이 바로 티무르야. 우리 나라 어
디에 가도 쉽게 티무르의 동상을 발견할 수 있어."

우즈벡 국민들이 존경하고 따르는 티무르를 보다 가까이서 만

티무르 동상 | 아미르 티무르 박물관

나 보기 위해 티무르 제국의 수도였던 사마르칸트로 향했다. 수도 타슈켄트에서 자동차를 타고 다섯 시간 정도 걸렸다. 들판에는 하얀 목화가 넓은 평원을 가득 채우고 있었다. 그러고 보니 우즈베키스탄이 세계 최대의 면화 생산지라 한다.

길 군데군데에는 수박과 멜론을 파는 가게도 쉽게 눈에 띈다. 차를 세우고 멜론을 사서 먹어 보았다. 세상에서 그렇게 시원하고 달콤하고 맛있는 멜론을 먹어 본 적이 없다. 수박과 멜론, 포도의 고향이 바로 이곳이라 한다.

수박 멜론 가게

티무르 제국의 중심 사마르칸트 레기스탄 광장

드디어 티무르 제국의 중심지인 사마르칸트의 레기스탄 광장에 섰다. 웅장한 광장에 우뚝 솟은 이슬람식 건물 세 동이 푸른색을 하늘로 뽐내며 우리를 반겼다.

"귤친! 대단하다. 모스크의 장식이 이렇게 화려하다니. 오른쪽의 돔은 청색 타일도 모자라 주름을 잡아 놓지 않았니?"

"티무르 제국의 면모를 엿볼 수 있는 중심 광장이지. 이곳은 학교나 모스크, 도서관, 천문대 역할을 하던 종교와 학문의 중심지야. 왼쪽이 울루 베이 모스크, 중앙 건물이 쉬르 도르 마드라사, 오른쪽 건물이 호자 하르라리 벨리 마드라사야. 모스크 주변

레기스탄 광장

에는 시장이 자리 잡아 중앙아시아 최대의 실크로드 도시로 발전했어."

"교수님, 사마르칸트 도시가 유네스코 세계 문화유산으로 보호받고 있는 걸 보면 역사가 오래된 것 같은데 도대체 얼마나 오래된 도시예요?"

"몇 해 전 사마르칸트 도시 창건 2500주년 기념식이 크게 열린 적이 있었지. 2500년 역사니까 기원전 500년경부터 번성했던 도시인 셈이지. 그런데 우즈베키스탄 학자들은 이 도시가 최소 2750년은 되었다고 주장한단다. 최근 발견된 고고학 유물이나 도시 기반 시설을 볼 때 중앙아시아에서도 가장 오래된 도시임에는 틀림없지. 물론 가장 발달한 시기는 티무르 제국의 수도였던 15세기라고 할 수 있고 지금 남아 있는 대부분의 유적들도 모두 그 시대의 것이지."

"티무르의 묘도 이곳에 있어, 귤친?"

"아냐. 티무르는 따로 묻혀 있는데 구르 에미르라는 묘당이 있어. 물론 샤 잔데라고 불리는 엄청난 규모의 묘당 구역이 있는데 이곳에는 시대를 달리하는 유명한 장군들이나 학자들이 묻혀 있어."

"구르 에미르 묘당에서 우즈벡인들이 그렇게 존경하는 티무르를 만나 보고 싶어."

위대한 왕 티무르의 묘당 구르 에미르

주름 잡힌 푸른색 돔이 하늘로 당당하게 솟은 구르 에미르 묘당에는 예상대로 많은 사람들이 붐비고 있었다. 줄을 서서 티무르 묘를 참배하면서 위인에게 존경을 표함과 동시에 간절한 소원을 빌고 있었다.

"교수님, 역사적으로 티무르의 역할과 의미는 무엇인가요? 정복과 전쟁으로 문명을 파괴하고 많은 사람들을 학살한 잔혹한 통치자가 맞나요?"

"모든 것은 어떻게 바라보는가에 따라 서로 다른 평가가 나올 수 있겠지. 서양의 장군이 동양을 침략하면 원정, 정복, 승리, 문화 전파라고 치켜세우면서 동양의 통치자 장군이나 지배자에게

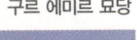
구르 에미르 묘당

는 전제, 침략, 약탈, 문화 말살이라는 표현을 쓰고 있는 우리 교과서의 내용도 큰 문제지. 티무르는 적어도 문화적인 업적을 본다면 중세 동양 최고의 위대한 통치자였어. 문화와 학문을 사랑하면서 수많은 대학을 짓고 학자를 배출하면서 위대한 과학자들이 티무르 제국으로 몰려들었어."

"따지고 보면 알렉산더 대왕도 파괴와 침략자였는데 우리 모두가 위대한 인물로 기억하잖아요?"

"알렉산더야말로 고대 세계의 가장 잔혹한 문명과 역사의 파괴자였지. 서양의 한 인물이 동양을 공격해 페르시아제국을 무너뜨리고 파괴와 약탈을 일삼았는데, 그가 죽으면서 나라가 산산조각이 나고 사라졌잖아. 그래서 후세 사람들이 알렉산더는 기억하는데 그가 세운 나라 이름이 무엇인지, 그 나라의 수도는 어디인지 잘 모르게 된 거지. 귤친, 알렉산더는 어느 나라를 세웠지?"

"잘 모르겠는데요."

"민지는 알아? 알렉산더 제국의 이름을?"

"마케도니아 아니에요?"

"맞아. 그럼 수도는?"

"모르겠는데요."

"그 봐. 마케도니아라는 자그만 그리스 변방 국가의 통치자가 전쟁과 약탈로 동양을 공격하고 짧게 지배했지만 그가 죽고 그의 나라는 끝나 버렸어. 대왕이라고 불리는 데도 왜 그럴싸한 궁전이나 건축물 하나 남겨 놓지 못하고 문화적 업적 하나 제대로 눈

에 띄는 것이 없잖아. 다
만 알렉산더가 서양 통치
자로 동양을 지배한 최초
의 인물이었기에 서양 역
사에서 대왕이라는 칭호
를 붙이고 열광했던 것일

뿐이지. 그에 비하면 티무

티무르의 석관

르는 오히려 문화적 업적이 찬란하게 남았고 유네스코 세계 문화
유산으로 보호받고 있는 레기스탄 광장의 장엄한 대학과 모스크
연구 기관 같은 불멸의 건축물을 남겼지."

"정말 티무르가 대단했군요. 빨리 그의 묘를 보고 싶어요."

"들어가 보자."

"귤친, 묘가 아주 많은데 어느 것이 티무르의 것이야?"

"까만 대리석으로 된 석관이 티무르의 것이야."

"생각보다는 초라하네. 바로 옆에 있는 제일 큰 석관은 누구
것인데?"

"티무르의 스승 바하우딘의 석관이야."

대제국의 통치자인 티무르의 묘가 그의 스승의 것에 비해 작
고 초라하다는 것이 쉽게 이해가 안 되었다. 이때 교수님이 감동
적인 역사적 사실을 들려주셨다.

"티무르는 국가의 발전을 위해서는 과학자와 지혜로운 사람들이 많이 필요하다고 느끼고 그들을 우대했단다. 독실한 이슬람 신자였고 문화와 예술을 사랑했던 티무르는 많은 모스크와 천문대, 대학, 상인들의 숙소인 카라반 사라이를 지어 나라를 발전시켰단다.

티무르는 특히 자신의 스승인 바하우딘의 학문과 가르침에 크게 영향을 받아 왕보다는 그의 제자로서 기억되기를 원했을 정도야. 그 때문인지 티무르는 그의 스승이 죽자 정중하게 장례를 치렀고 또 자신이 죽으면서 두 가지 유언을 남겼는데, 하나는 자신의 묘가 스승의 묘보다 커서는 안 된다는 것과 둘째는 스승의 발치에 묻어 달라는 것이었단다. 참으로 아름다운 이야기이지."

교수님의 설명을 들으며 나도 티무르의 까만 석관 앞에서 다른 우즈벡 사람들과 함께 존경을 표했다.

부하라의 칼얀 모스크

다음 날은 우즈베키스탄의 또 다른 자랑인 부하라라는 도시로 향했다. 유네스코 세계 문화유산인 부하라 역시 실크로드의 중요한 길목으로 일찍부터 문화가 발달한 많은 문화유산을 간직하고 있는 이슬람 도시다. 도시로 들어서니 높은 첨탑이 첫 눈길을 끈다. 칼얀 모스크의 첨탑이다.

"교수님, 사마르칸트에서도 느꼈었는데, 우즈베키스탄의 모스크 첨탑은 유난히 높게 지었어요. 특별한 이유가 있나요?"

"실크로드 도시에서는 많은 상인들이 낙타를 타고 찾아와야 되지 않겠니? 그들의 편의를 위해 첨탑을 높이 지어 일종의 사막의 등대 역할을 하는 거지. 종교란 삶에 도움을 주어야 뿌리를 내리고 발전하는 거란다. 중앙아시아의 이슬람이 부드럽고 번성한 것도 토착 문화와 잘 조화를 이루어 함께 사는 지혜를 가졌기 때문일 거야."

"민지야, 이곳 부하라에 세계 최초의 꾸란이 보존되고 있다는 사실을 알고 있니?"

"귤친, 어떻게 메카가 아니고 부하라에 최초의 꾸란이 있을 수 있지? 교수님! 우선 꾸란에 대해 먼저 알고 싶어요."

"꾸란은 이슬람의 경전이다. 15억 무슬림들의 삶과 정신을 지배하는 가장 강력한 지침이자 가장 영향력 있는 책이라 할 수 있지. 이슬람의 마지막 예언자 무함마드가 가브리엘 천사를 통해 받은 하느님의 계시를 그대로 옮겨 적어 놓은 것으로 서기 650년경 책으로 편찬되었단다. 꾸란을 전부 암송하는 전문가들에 의해 한 점 한 획의 오류도 없이 지금까지 내려오기 때문에 이슬람 신자들은 원전에 대한 절대적 믿음을 갖고 있단다.

꾸란은 114장으로 이루어져 있는데 메카 계시와 메디나 계시로 크게 나뉜다. 메카 계시는 주로 하느님께서 인류가 갖추어야 할 윤리와 도덕은 물론 가야 할 길을 무함마드에게 제시하는 내용이 중심을 이루고 있고, 이에 반해 메디나 계시는 아주 구체적이고 실천적인 것으로 무함마드가 국가를 실제로 운영하면서 부닥치는 문제에 대해 하느님이 내린 가르침들이지."

"꾸란을 모두 외우는 사람이 있나요?"

"아주 많이 있지. 꾸란을 모두 외우는 사람들을 하피즈라 하는데, 하피즈라는 이름을 쉽게 발견할 수 있단다."

"네, 맞아요, 교수님. 우리 삼촌도 하피즈예요. 라마단 단식이 되면 한 달간 집이나 모스크에서 꾸란을 모두 외우면서 다른 사람들에게 꾸란을 가르쳐요."

"이제 꾸란에 대해 약간 이해가 되었어요. 근데 아직 왜 최초의 꾸란이 부하라에 있는지 말씀해 주시지 않으셨어요."

"현재 남아 있는 최초의 꾸란은 7세기 중엽 이슬람의 칼리프 오스만 시대에 편찬된 것이란다. 그것이 14세기 티무르가 아랍을 정복했을 때, 그곳에 있던 최초의 꾸란을 이곳 부하라로 가져왔지. 한때 구소련의 지배를 받으면서 이 꾸란은 상트페테르부르크에 옮겨지기도 했다가 다시 부하라로 반환되었단다. 칼리프 오스만은 불행히도 모스크에서 꾸란을 읽고 있다가 자객에 의해 피살되는데 그때 꾸란에 피가 묻었다고 전해진단다. 부하라에 있는 꾸란이 바로 그 피 묻은 원본이라는 거야."

부하라의 대표적인 칼얀 모스크를 보면서, 모스크는 독특한 건축이나 벽면의 화려한 장식 못지않게 사람들이 모여 서로 대화하고 쉬는 장소라는 생각이 들었다. 많은 우즈벡 사람들이 모스크에 모여 담소를 나누고 있었다. 더러는 아예 자리를 깔고 낮잠을 자는 사람들도 있었다. 모든 편의 시설이 모스크와 그 주변에 분산되어 있는 것도 퍽 인상적이다.

칼얀 모스크

"굴친, 그런데 저 높은 미나레트 (첨탑) 꼭대기에는 어떻게 사람이 올라가?"

"나도 전에 삼촌 따라서 가 봤는데, 첨탑 속에 구불구불하게 나선형으로 꼭대기로 올라가는 계단이 있어. 그 위에 서면 부하라 시내가 모두 보이고 멀리 시르 강까지 한눈에 들어와."

"그런데 첨탑 꼭대기에서는 무슨 일을 하지요, 교수님?"

"모스크 건축에는 반드시 세 가지가 갖춰져야 한다. 그중 첫째가 미나레트라 불리는 첨탑이다. 바로 예배를 알리는 아잔을 낭송하기 위한 곳이란다. 그래서 높이 짓는단다."

"나머지 두 개는 터키에서 이미 배웠어요. 한번 맞춰 볼게요. 둘째는 모스크 예배당 안에 민바르라는 설교단이에요. 이슬람의 합동 예배인 금요일 낮 예배인 주말 예배 때 이맘이 설교를 하는 곳이지요. 그리고 세 번째로 모스크의 가장 중요한 시설은 미흐랍이에요. 예배를 드리는 방향인 메카를 표시하는 벽감이지요.

모든 무슬림들은 하느님의 집이 있
다고 믿는 메카를 향해 하루 다섯
번의 예배를 올리지요. 그래서 미
흐랍이 가장 중요한 거예요. 그런
만큼 모스크 내에서도 가장 아름답
게 장식을 하고요."

"잘 설명했다. 이제 민지가 거의
이슬람 전문가 수준이구나."

"교수님, 첨탑이 작은 시골 마을
에서는 한 개만 있는 것이 많은데,
대도시에는 두 개, 세 개 심지어 여

칼얀 모스크 미나레트

섯 개까지 있는데 개수는 무슨 의미인가요?"

"모스크의 크기와 예배를 보러 오는 동네 사람들의 숫자에 따
라 다르단다. 보통 술탄이나 왕의 이름으로 짓는 모스크는 규모
가 크기 때문에 두 개 이상의 첨탑을 가지고 있단다."

"교수님, 빠진 것이 있어요."

"그래, 귤친의 설명을 들어 보자."

"우리 나라 옛날 모스크에는 세정 의식을 위한 정원이나 분수
가 마련되어 있는 곳이 많아요. 무슬림들은 예배 보기 전에 손과
얼굴, 발을 깨끗이 씻고 모스크 안으로 들어가기 때문에 사흔이
라 불리는 세정 시설을 갖추어 놓은 곳이 많아요."

"귤친의 설명이 맞다. 예배 보기 전에 손발을 씻는 의식을 우

두라고 하는데 무슬림들은 일을 하다가 더러워진 손과 발을 씻고 모스크 안으로 들어가지. 그래서 모든 모스크에는 반드시 세정 의식을 할 수 있는 시설을 갖추고 있지. 여행 중에 화장실이 급하면 모스크에 가면 해결이 된단다."

우즈베키스탄에 사는 '카레이스키'

부하라 칼얀 모스크를 나오니 주변에는 큰 시장이 열리고 있었다. 수박, 멜론, 포도, 오이, 토마토, 고추, 마늘 같은 과일과 채소는 물론 말린 포도, 무화과, 오디, 아몬드 등을 팔고 있었다. 실내 시장에서는 옷감과 비단, 향신료, 모자 등 온갖 생활용품들을 파는 가게 수백 개가 줄지어 장사를 하고 있었다. 그 속에서 한국 사람을 닮은 사람들이 더러 눈에 띄었다.

"귤친, 저분들은 어느 나라 사람이야?"

"카레이스키라고 해. 한국에서 왔지. 언제인지 모르지만 우리 나라에 이주해 와서 정착해 살고 있어. 그 숫자가 30만 명이 넘는다고 뉴스 시간에 본 적이 있어. 지금은 당연히 우리 우즈벡 국민이 되었지."

"정말 궁금해요. 한국인들이 어떻게 언제 이곳까지 와서 살게 되었을까요? 교수님, 질문에 또 한 번 대답해 주시면 안 될까요?"

"얼마든지. 우즈벡 사람들은 러시아 말로 카레이스키라고 부르지만 그들 스스로는 '고려 사람'이라고 부른단다. 북한 북쪽의 러시아 땅인 연해주나 블라디보스토크 지역에서 살고 있던 이들은 1937년 당시 소련 지도자인 스탈린에 의해 강제로 이곳 중앙아시아로 쫓겨났단다. 갑자기 결정된 강제 이주에 많은 사람들이 집과 가족을 잃었고, 이동 도중에 추위와 굶주림, 병에 걸려 목숨을 잃었단다. 그렇지만 이곳에 도착한 한국인들은 정말 죽기 살기로 일하고 자식들을 공부시켜 지금은 우즈베키스탄에서도 가장 잘살고, 존경받는 민족 집단이 되었지. 이웃 카자흐스탄이나 다른 지역의 고려 사람까지 합하면 지금 50만 명 이상이 중앙아시아 여러 나라에서 살고 있어."

"70년 이상 우즈베키스탄에서 살았으면 그럼 그들은 우즈벡 말을 하고 이슬람교를 받아들였나요?"

"불행히도 고려 사람 대부분은 러시아에서 공부하고 러시아 말을 배웠어. 그래서 1990년 우즈베키스탄이 구소련에서 독립한 후 우즈벡 말을 공용어로 결정했을 때, 많은 고통과 불이익을 당

시장에서 여러 채소를
팔고 있는 카레이스키

했지. 하지만 지금은 금방 적응을 해서 우즈벡 말도 배우고 다시 잃어버린 위치를 되찾았단다. 다만 종교적으로는 이슬람을 받아들이지 못했단다. 한국의 말과 전통을 지키려는 노력 덕분에 이제는 그 후손들도 한국에 대한 관심이 커지고 있는 중이란다.”

어려운 과정을 이기고 우즈베키스탄에서 살아가는 '카레이스키' 들의 이야기를 듣고, 이들이 전통을 잃지 않고 꿋꿋하게 산 역사도 잊지 않고 기억해야 할 것이라고 생각했다. 실크로드의 중심지이자 티무르 제국의 찬란한 역사를 가지고 있는 우즈베키스탄에서 우리 역사도 함께 생각할 수 있었다. 우즈베키스탄은 우리나라와 점점 활발하게 교류하고 있다고 한다. 앞으로도 우즈베키스탄을 익숙하게 볼 수 있을 것 같다.

here

세계 최대의 무슬림 국가

인도네시아

INDONESIA

세계에서 무슬림이 제일 많이 사는 이슬람 국가 인도네시아는 동남아시아에 있다. 동남아시아 여러 지역에서 이슬람은 많은 인구를 차지하며 서로 다른 종교와 조화롭게 살고 있다. 인도네시아에서 종교 간 조화를 위한 노력을 엿보면서, 족자카르타에 있는 힌두, 불교 유적들의 모습과 신혼 여행지로 각광받는 발리의 모습을 살펴본다. 개방되고 친숙해지는 이슬람의 모습을 가까이서 찾아 보자.

인도네시아 INDONESIA

인도네시아는 세계에서 가장 큰 도서 국가이면서도 아름다운 나라다. 인도양과 태평양 사이의 짙푸른 남색 바다에 징검다리 모양으로 흩어져 있는 아름다운 섬나라인 인도네시아를 일찍이 네덜란드 사람들은 '적도에 걸린 에메랄드 목걸이' 라고 불렀다.

인도네시아는 가장 오래된 인류 화석 중 하나인 '자바 원인' 이 발견된 곳이다. 인도네시아는 인류가 가장 오래 살아온 땅일지도 모르지만 16세기부터 이곳에 풍부한 후추나 각종 향료를 서로 차지하기 위해 서양 사람들이 진출한 역사를 가지고 있다. 당시 금보다 더욱 귀했던 귀한 향료를 차지하기 위해 많은 인도네시아 사람들이 살해당하고 서구 국가들끼리 전쟁을 하기도 했다.

세계 최대 이슬람 국가 인도네시아

인도네시아는 세계 최대의 이슬람 국가다. 2억 가까운 무슬림들이 1만 8천 개가 넘는 작은 섬과 자바, 수마트라 같은 큰 섬을 중심으로 살아가고 있다. 13세기에 이슬람을 받아들인 인도네시아는 다른 이슬람 국가들과는 달리 매우 온화하고 조화롭게 살아가고 있다.

인도네시아에는 아직도 힌두교를 믿는 인도인들이나 기독교를 믿는 중국 화교들은 물론 수많은 섬에 살고 있는 여러 민족들이 토착 종교를 믿으며 함께 살아가고 있다. 인도네시아가 이슬람 국가라는 사실을 느끼지 못할 정도다.

'가루다' 라는 상상의 새가 그려진 인도네시아 가루다 항공을 타고 자카르타 국제공항에 내리니 찌는 듯한 더위와 습기가 우리를 맞이했다. 인도네시아에서 우리를 안내할 남자 친구는 자카리야였다. 아름다운 무늬가 그려진 인도네시아 전통 의상을 입고 환하게 웃고 있는 자카리야를 보자 금세 이 나라가 좋아졌다.

"자카리야 맞지? 난 민지라고 해."
"셀라마트 다탕, 민지! 셀라마트 다탕 우스타드."
"셀라마트 다탕이 무슨 뜻이니? 무슨 좋은 말인 건 분명한데."
"어서 오라는 환영의 인사말이야. 평화를 가져온다는 의미가 담겨 있어."
"이제 알았다. 민지 환영! 교수님 환영! 이런 뜻이지?"

"아랍에서도 터키에서도 또 동남아에서도 이슬람 문화권에서는 평화라는 인사가 빠지지 않네요. 너무 전쟁만 해서 평화를 찾게 된 건가요, 교수님?"

인도네시아 아이들 모습

"이 세상에 평화를 추구하지 않는 종교가 어디 있겠니? 이슬람교도 평화와 평등을 가장 중요한 종교적 가르침으로 삼고 있지만, 웬일인지 폭력과 전쟁의 종교로 비춰지고 말았지. 아마 20세기 이후에 벌어진 중동 전쟁과 자살 폭탄 테러 때문이 아닐까."

"보세요, 자카리야나 인도네시아 사람들의 미소 띤 모습을요. 너무나 순박하고 착하게 보이잖아요? 자카리야, 입고 있는 옷이 전통 복장이니?"

"응! 바틱이라고 하는 옷인데 동남아 사람들이 즐겨 입는 전통 의상이야. 면화나 실크 천 위에 밀랍으로 밑그림을 그리고 천연 물감을 사용해 염색하고 끓이면 멋진 문양과 색감이 탄생된단다. 아라베스크 문양을 주로 사용해 시원하고 오래 입을 수 있기 때문에 우리 나라에서는 없어서는 안 되는 우리 옷이야."

이야기를 하는 사이 우리를 태운 자동차는 이미 자카르타 시내에 들어왔다. 습도 높은 더위 속에 1천만 명이 넘는 인구가 살아간다고 한다. 길거리에는 온통 사람들의 물결이다. 정말 옷차림도 다양하고 생김새도 제각각이다.

"더운 날씨인데도 많은 여성들이 긴 치마를 입고 긴소매 옷에 하얀색 차도르를 두르고 다니는데, 덥지 않을까?"

"그들 여성 대부분은 무슬림들이지. 무슬림 여성들은 밖에서 머리카락을 가리는 차도르를 쓰고 노출을 거의 하지 않아."

"그럼 짧은 미니스커트를 입고 반팔 차림을 한 사람들은 무슬림들이 아니야?"

"반드시 그렇지는 않아. 무슬림 여성 중에도 서구식 차림을 많

인도네시아 여성들, 사람들 모습

이 해. 자세히 봐, 화교들이 많이 있지 않니? 그리고 힌두교를 믿는 인도 여성들은 사리를 두르고 이마에 붉은 점을 찍으니 쉽게 구분이 돼."

"인도네시아가 세계에서 가장 큰 이슬람 국가라고 하는데 왜 그렇지?"

"우선 인구로 보면 전체 인구 2억 2천만 중에서 약 90퍼센트 가까이 이슬람을 믿고 있으니 2억 명 정도의 무슬림들이 인도네시아에 살고 있는 셈이지. 세계에서 가장 많은 무슬림들이 살고 있단다."

"다른 종교는 뭐가 있을까?"

"물론 가장 오래된 종교는 힌두교고 그 다음 불교가 들어와 뿌리를 내렸지. 그리고 우리 나라는 수많은 섬들로 구성되어 있는데, 자그만 섬에는 다른 문화의 영향을 받지 않은 토착 신앙이 많이 남아 있어. 그리고 중국 화교들을 중심으로 크리스천들도 상당수 있어. 특히 중국 화교들이 경제권을 차지하고 있어 부자들이 많이 있지."

"그럼 이슬람교와 기독교가 가끔 싸우는 것이 경제력 차이 때문이라는 말이야?"

"물론 다른 이유들도 있을 거야. 그렇지만 인구의 10퍼센트도 안 되는 기독교 중국인들이 나라 전체 재산의 대부분을 차지하고, 무슬림들은 상대적으로 가난하니 저항이나 분노가 폭발할 수도 있겠지."

"그러나 그런 문제를 폭력으로 푸는 것은 바람직하지 않아. 특히 이슬람은 평화를 강조하는 종교잖아."

"민지 말이 맞아. 우리 국민들 대부분은 민지 말처럼 이웃으로, 또 같은 인도네시아 국민으로 협력하며 살아가고 있고 앞으로도 그렇게 살아가기를 희망하고 있어. 그런데 일부 급진주의 정치가들이 종교를 들먹이며 불화를 조장하고 갈등을 일으키고 있는 거야. 우리 나라에는 판차실라라는 좋은 가르침이 있어. 매일 학교에서도 배우고 있지."

판차실라

"판차실라? 그게 뭔데?"

"모든 인도네시아 국민들이 신을 믿도록 헌법으로 정해 놓은 거야. 이슬람교든, 기독교든, 가톨릭이든, 불교든, 힌두교든……. 이 가운데 하나는 반드시 믿어야 돼. 무신론자들은 인정받을 수 없어. 그리고 모든 종교의 자유를 보장하고 종교 간의 화해와 공존을 강조하고 실천하고 있단다."

"참 좋은 법이긴 한데 종교의 자유라고 말하려면 작은 섬에 살고 있는 토착 주민들의 민간신앙이나 토착 종교도 인정해야 되지 않을까?"

"그것까지는 잘 모르기는 해도 작은 섬에 사는 사람들은 법이 없어도 문제없으니까 섬에까지 이 원칙을 적용하기는 어렵지 않을까."

종교 간의 화해와 믿음을 헌법 정신으로 보장한 인도네시아의 판차실라에 대해 알고 나니 더욱 궁금한 것이 많아졌다. 힌두교가 이미 기원전 1000년경부터 들어와 뿌리를 내렸고 그 후 불교가 들어와 사람들의 삶에 깊숙한 영향을 끼치고 있는 인도네시아에서 어떻게 새로 일어난 이슬람교가 들어와 그렇게 많은 국민들을 단시일에 이슬람으로 귀의하게 만들었을까?

아무래도 이 질문은 자카리야가 대답하기에는 힘들어 보여서 바로 교수님께 여쭈어 보았다.

상인들에 의해 전해진 이슬람

"인도네시아는 민지가 말한 대로 힌두교와 불교가 일찍부터 들어와 이미 단단하게 자리를 잡고 있던 나라란다. 동남아시아 이슬람은 특이하게도 무역을 하러 왔던 상인들에 의해 이곳에 소개되었단다. 이미 7세기부터 아랍과 페르시아의 상인들이 중국으로 가기 위해 이곳에 정박하면서 무역을 했다는 기록이 남아 있단다.

물론 일부 아랍 상인들은 중국에 가다 말고 이곳에 아예 정착해 살기도 했지. 일찍부터 인도네시아와 주변 동남아시아 해안가에 자리 잡은 무슬림 상인들은 이곳의 왕이나 귀족들과 거래를 하면서 엄청난 부를 그들에게 가져다주었단다. 그러면서 이곳 통치자들이 이슬람교에 많은 관심을 갖게 되었지.

왜냐하면 정치와 경제, 종교가 잘 결합된 이슬람 시스템이 이

전의 힌두교나 불교보다 나라를 다스리기에 훨씬 유리했기 때문
이다. 13세기부터 동남아시아의 왕들이 이슬람을 받아들이면서
많은 추종자들이 생겼고 다른 지역에서처럼 처절한 전쟁이나 유
혈 충돌 없이 평화롭게 이슬람이 자리를 잡았단다.

'정치 경제 종교'라는 삼총사가 기가 막히게 결합한 것이 동남
아시아 이슬람의 성공이라고 볼 수 있지. 그런 배경 때문인지, 인
도네시아를 중심으로 하는 동남아 이슬람 문화는 매우 부드럽고
융통성이 많으며 토착 종교하고도 잘 지내는 전통을 갖게 된 것
이 아닌가 하는 생각이 든다."

"교수님, 이슬람 상인들이 도대체 무엇을 얻으려고 위험을 무
릅쓰고 이곳까지 항해를 해 왔을까요?"

"가장 대표적인 무역품이 바로 향료란다. 후추, 계피, 카드몬,
정향 같은 진귀한 향료는 음식을 만드는 재료로서뿐만 아니라 약
재로 이슬람 사회나 유럽에서 매우 인기가 높았단다. 당시 유럽
에서 후추 1그램은 금 1그램과 맞교환할 정도였다고 하니 향료의
가치를 우리가 짐작해 볼 수 있지. 그래서 이슬람 상인들은 향료
무역을 독점해서 유럽에 내다 팔아 엄청난 이익을 남겼단다."

"그 후 유럽인들이 인도네시아로 쳐들어온 이유와 같군요."

"그렇지. 1498년 포르투갈의 항해사 바스코 다 가마가 아프리
카 희망봉을 돌아 인도 서부 도시인 캘리컷에 도착한 이후 많은
유럽 상인들이 줄지어 인도와 인도네시아로 진출했지. 결국 1512
년에는 포르투갈이 인도네시아의 가장 중요한 향료 산지인 몰루

카 군도를 점령했고, 곧이어 다시 네덜란드가 인도네시아의 주요한 향료 산지들을 지배하면서 4백 년간이나 식민 통치를 하게 되었지."

"그런데 포르투갈이나 네덜란드 같은 서양의 나라들이 4백 년 이상 인도네시아를 점령하고 철저한 식민지 통치를 했는데 이슬람교가 살아남을 수 있었나요? 오히려 기독교 국가가 되었어야 되는 것 아니에요?"

"이슬람은 종교 전파보다는 무역을 통한 서로의 이익에 관심이 많았기 때문에 무력 충돌이 거의 없었단다. 그리고 통치의 필요성 때문에 왕이나 귀족들이 이슬람을 받아들이면서 말레이시아나 인도네시아에서는 쉽게 국가 종교가 될 수 있었단다. 당연히 주민들에게도 평화롭게 전파되었지. 이에 비해 서양은 군대를 동원해서 무력으로 인도네시아를 식민 통치했기 때문에, 주민들의 반발이 심했고, 기독교가 힌두교, 불교, 이슬람교가 이미 뿌리를 내린 인도네시아 사회를 바꾸기는 힘들었던 것 같아."

"태국이나 필리핀에도 무슬림들이 많이 산다고 들었는데요."

"이슬람 상인들이 인도네시아를 거쳐 이웃의 말레이반도나 필리핀을 거쳐 멀리 중국의 동남부 해안까지 진출했단다. 그 과정에서 많은 수의 이슬람 사람들이 그곳에서 머물러 살면서 결혼을 했기에 무슬림들의 숫자가 늘어난 거지. 그래서 지금 태국 남부에만 약 5백만 명, 필리핀에도 민다나오 섬을 중심으로 약 5백만 명 정도의 무슬림들이 살고 있어. 말레이시아나 인도네시아와는 달리 무슬림들은 그 나라에서는 소수 종교를 이루고 살기 때문에 중앙정부와 마찰을 빚고 독립과 자치를 하려는 급진주의 무슬림 세력들과 빈번한 무력 충돌이 일어나고 있단다."

"그리고 보니 다른 종교를 인정하고 보호해 주는 인도네시아의 이슬람이 더 멋져 보여요."

족자카르타 브로부두르 사원과 프람바난 사원

"자카리야, 그럼 인도네시아에서는 다른 종교의 문화유산도 잘 보호하고 있겠구나."

브로부두르 사원

"물론이지. 인도네시아가 자랑하는 세계적인 문화유산이 바로 불교 유적지란다. 족자카르타에 있는 브로부두르 사원으로 같이 가 보자."

자카리야가 안내한 곳은 자바 섬의 한가운데에 자리 잡은 거대한 불교 사원이었다. 유네스코 세계 문화유산으로 지정된 브로부두르 사원이었다. 이 사원은 8세기경 이곳에 번성했던 사이렌드 왕조 시대에 약 백 년에 걸쳐 만들어진 것이라 한다.

9층으로 된 사리 불탑은 특이한 피라미드처럼 생겼다. 6층까지는 네모나고, 7, 8, 9층은 동그랗게 만들어진 독특한 모양이다. 각 층에는 430여 개의 작은 불탑(스투파) 속에 불상을 모셔 놓았다. 불상의 근엄함도 멋이 있지만, 부처님의 삶과 인도네시아 사람들의 평범한 이야기를 함께 조각해 놓은 장식들은 정말이지 감동적이었다.

프람바난 사원

"조금 더 가면 또 다른 유적지가 있어. 그곳은 힌두교 사원이야."

브로부두르 불교 유적지를 떠나 이번에는 힌두교 문화를 잘 보여 주고 있는 프람바난 힌두교 사원으로 갔다. 프람바난 사원은 자전거 택시 '베짜'가 온통 거리를 뒤덮고 있는 족자카르타에 위치하고 있다.

브로부두르 사원보다 조금 일찍 만들어진 이 사원은 신기한 모양으로 돌을 쌓아서 만들었다. 사원 벽에는 인도의 오래된 이야기인 "마하바라타"와 "라마야나"의 내용이 생생하게 조각되어 있어서 한 번쯤 만져 보고 싶은 생각을 들게 할 정도다. 게다가 보름달이 뜨는 날에는 사원 앞에서 전통 무용인 '라마야나'를 공연하면서 인도네시아 힌두 문화의 진수를 보여 주기도 한다. 하지만 해가 지고 아잔 소리가 울려 퍼지면 인도네시아 사람들은 경건하게 이슬람의 예배를 드린다.

종교 분쟁 이야기

"자카리야, 서로가 다른 신앙을 가졌으면서도 상대를 인정해 주는 문화가 참 부러워."

"물론 대부분의 사람들은 그렇기는 하지만 우리 나라에서도 일부 지역에서는 다른 종교 때문에 분쟁이 많이 일어나고 있어."

"참, 이슬람 속에서 가톨릭을 믿던 동티모르가 1999년 인도네시아에서 분리 독립했지."

"동티모르는 독립을 이루어 내었지만, 아체와 이리얀 자야 등지에서는 아직도 인도네시아에서 분리 독립하려는 움직임들이 남아 있어. 특히 몰루카 주의 암본 시에서는 크리스천과 무슬림들 사이에 갈등이 자주 일어나면서 유혈 충돌이 발생하기도 해."

"그런데 아체 주는 같은 이슬람을 믿으면서 왜 분리 독립을 하려고 하나요? 교수님!"

"아체는 인도네시아에서도 가장 먼저 이슬람을 받아들인 지역이야. 그리고 한때는 아체 왕국을 건설하기도 했지. 그런데 아체에서 석유가 많이 나는데, 석유의 이익이 대부분 중앙정부로 흘러 들어가고 지역 주민들은 가난한 삶을 벗어날 수가 없었지. 무엇보다 아주 보수적이고 강한 이슬람 율법을 고집하기 때문에 너무 세속적이고 이슬람 율법을 제대로 따르지 않는 온건한 중앙정부의 태도에 불만을 표현해 왔었지. 한때는 오랫동안 서로 죽고 죽이는 끔찍한 투쟁이 이어졌지만, 몇 해 전 인도네시아 전역을 휩쓴 쓰나미 대재앙 이후로 서로가 전쟁을 중단하고 지금은 아체 주 정부와 중앙정부 사이에 협정이 맺어졌단다."

"아, 그렇군요. 어디든지 급진적인 생각을 가진 사람들과 이익을 독점하려는 사람들이 문제군요. 독재 국가나 알 카에다처럼 말이죠."

여성이 대접받는 인도네시아

"자카리야, 자카르타에서도 그렇고 이곳 족자카르타 길거리에서도 여자들이 매우 활발하고 항공사나 여행사, 심지어 호텔에서도 대부분 여성들이 근무하고 있는 것이 인상적이야. 우리가 둘러보았던 다른 이슬람 국가와는 아주 다른 모습이야."

"우리나라에서는 직장에서 남녀 구분이 거의 없는 편이야. 이슬람 세계에서는 유일하게 여성 대통령을 선출한 나라라는 사실을 잊었니?"

"누군데?"

"1999년 수카르노 초대 대통령의 딸이었던 메가와티 여사가 선거를 통해 인도네시아 최초의 여성 부통령이 되었지. 그리고 이어 와히드 대통령이 물러난 후 2004년까지 최초의 여성 대통령으로 일했지."

"세계 최대의 이슬람 국가에서 국민들이 여성을 부통령으로 뽑고 여성 대통령을 추대하다니. 지금까지 가지고 있던 생각이 많이 바뀌었어."

"우리 부모님 고향인 서 수마트라의 부키팅기라는 마을에서는 여자가 최고야. 모계사회라고 하는데, 모든 상속이 어머니에서 딸로 이어지고, 어머니가 가장으로서 가족 문제의 최종 결정권을 갖고 그 결정에 아버지를 비롯해서 모든 남자들이 따라야 해. 낮동안 남자들은 집 안에 있지도 못하고, 남자들끼리 모여 있다가 밤이 되면 집으로 돌아온단다."

"나도 그런 곳에서 살아 보고 싶다. 여자가 왕처럼 최고의 대접을 받다니……. 혹시 너희 부모님 고향에는 이슬람이란 종교가 거의 없는 것 아니야?"

"서 수마트라에서도 가장 종교적인 마을이고 이슬람이 아주 강한 지역이야."

"교수님! 어떻게 이슬람 정신이 강하게 지배하는 마을에서 모계 중심의 여성 사회가 뿌리 내릴 수 있나요? 이해가 잘 안 돼요."

"참 의외로구나. 결국 이슬람에서의 여성 차별 문제는 반드시 종교적인 영향으로 보기 힘들 것 같구나. 그 사회가 갖고 있는 국민들의 교육 수준이나 여성들의 사회 참여와 활동, 국민소득, 서구와의 접촉 빈도 등에 따라 나라마다 남녀의 사회적 관계가 다르게 나타나고 있지 않니? 아직 우리나라도 여성들의 취업 비율만 놓고 본다면 선진국 중 최하위권이지 않니?

아마 이슬람 문화에 대한 이해가, 남성들이 모든 책임을 져야 하는 아랍 오아시스 지역에서 출발하고 그곳에 처음 정착했기 때문에 남성 중심의 아랍 유목 문화와 이슬람의 가르침이 혼동되었던 것 같다. 그러나 인도네시아와 농경 사회에서는 일찍부터 여성들이 자유롭게 생산 활동에 참여할 수 있었고, 그만큼 여성들의 권리도 빨리 성장하지 않았나 하는 생각이 드는구나."

"맞아요. 그리고 보니 파키스탄의 베나지르 부토 여사, 방글라데시의 칼레다 지야 여사와 하세나 여사, 터키의 탄수 칠레르 교수 같은 분은 모두 선거를 통해 여성 총리가 되신 분들이네요. 이슬람권에서 민선 여성 총리가 더 많이 나오네요. 교수님 말씀이 이해가 돼요."

아름다운 발리 섬

"자카리야! 이왕 인도네시아에 왔으니 세계적인 휴양지 발리에 꼭 가 보고 싶어. 그곳에도 이슬람교가 중심 종교로 번성하고 있어?"

"그곳은 전혀 다른 분위기야. 가 보면 알아."

우리 삼촌이 신혼여행을 다녀왔던 발리 섬을 텔레비전 여행 프로그램이나 사진을 통해서 많이 보았다. 자카르타에서 비행기를 타고 두 시간 거리에 있었다. 화려한 원색과 어디를 가나 눈길을 끄는 힌두 사원 때문에 인도에 와 있는 착각이 들 정도였다.

시내를 한 바퀴 돌아보니 비교적 이슬람의 영향이 미치지 않고 힌두 사원과 자바 섬의 토착적인 문화가 많이 남아 있는 듯했다.

"자카리야, 시내를 둘러보니 첫인상이 사원이 참 많다는 생각이 들어."

"저기 보이는 높은 산인 아궁 산 기슭의 큰 사원이 힌두 사원이야. 거리마다 심지어 집집마다 사원이나 사당을 갖고 있어서 발리 섬을 '사원의 섬' 이라고 부를 정도야. 그만큼 인도네시아에서는 토착 문화와 힌두교적인 전통이 잘 남아 있는 곳이지."

"자카리야, 배가 고파. 전통 발리 음식점으로 가고 싶어."

"그럼 가믈란이 연주되는 전통 음식점으로 가자."

발리 시내 중심가의 한 오래된 전통 식당에서는 쌀밥이 나왔다.

발리 섬 힌두 사원

"교수님, 우리나라 쌀하고 거의 같은데요. 왜 인도네시아에서도 쌀밥을 먹지요?"

"어쩌면 쌀의 고향이 이곳인지도 몰라. 우리가 3천 년 넘게 밥을 먹고 있지만, 쌀이 언제 어디서 어떤 경로로 한반도로 들어왔는지 아직 정확하게 알려진 것이 없단다. 한 원로 고고학자의 주장에 따르면, 발리 섬의 고인돌 유적이나 돌하루방 문화가 한국 문화와 밀접한 관련이 있다고 하니, 쌀이 이곳에서 바닷길을 타고 우리나라까지 왔을 수도 있지."

쌀밥을 앞에 놓고 우리 문화의 뿌리가 어딜까 고민하면서 이런저런 생각에 잠겨 있는데, 갑자기 요란한 음악 소리가 들렸다. 발리 섬이 자랑하는 전통 음악 가믈란이 연주되고 있었다. 25명 정도가 연주하는 합주 음악인 가믈란을 구성하는 악기는 대나무로 제작된 각종 타악기가 중심을 이루고 있었다.

현란한 손동작으로 바틱을 곱게 입은 연주자들이 전해 주는 음악은 마치 원시의 소리를 듣는 듯했다. 가믈란 연주는 나에게는 쉽게 잊히지 않을 좋은 경험이었다.

식민지였던 과거

이제 인도네시아 탐사를 마무리하기 위해 비행기를 타고 다시 자카르타로 돌아왔다. 시내 중심가에는 아직도 식민지 시대의 네덜란드식 건물이 많이 눈에 띄었다. 일본 식민 지배 35년을 받은 우리나라도 아직 독도 영유권이나 위안부 할머니 문제, 교과서 왜곡 같은 많은 문제점을 안고 살아가는데, 4백 년 이상 네덜란드의 지배를 받은 인도네시아의 아픔과 고통은 어떠했을까 쉽게 짐작이 되지 않는다.

"자카리야, 길거리 간판에 바타비야란 표시가 많이 보여, 무슨 뜻이니?"

"16세기 네덜란드가 인도네시아를 지배하면서 자카르타를 바타비야라고 불렀어. 바타비야란 자카르타의 식민 시대 이름이야."

독립기념비

"시간이 별로 없으니 자카르타 시내 전체를 한번 내려다보고 싶어."

"그럼 내가 저 언덕 위에 높은 탑이 보이는 곳으로 가자. 그곳에서 시내가 가장 잘 보여."

"굉장히 높은 탑인데, 뭐하는 곳이야?"

"응, 높이가 137미터나 되는

독립 기념탑이야. 인도네시아는1948년 8월 17일 네덜란드로부터 독립을 했는데 그것을 기념하려고 세운 탑이야."

"1948년 8월 17일, 우리나라는 같은 해 8월 15일에 독립했는데, 어쩌면 독립기념일이 그렇게 비슷하지?"

"인도네시아뿐만 아니고 말레이시아 등 많은 동남아시아 국가들의 독립 일이 비슷해. 2차 세계대전을 기점으로 식민지 시대를 마감하고 새로운 독립을 얻었기 때문이지."

그렇게 멀게만 느껴졌던 인도네시아도 우리처럼 아픈 과거를 가졌다는 사실에 더욱 친근한 생각이 들었다. 큰 땅에 풍성한 자원을 가졌고, 이슬람교를 믿고 있음에도 다른 종교와 신앙들도 함께 받아들이면서 자연스럽게 어울리고 있는 인도네시아 사람들이 참 멋져 보였다.

1200년 전 신라와
아랍의 만남

한국

KOREA

세계에서 무슬림 숫자가 가장 적은 곳 가운데 하나가 바로 한국이다. 하지만 우리 역사를 살펴보면 의외로 이슬람과의 교류가 많았다는 것을 알 수 있다. 다문화 사회로 가면서 우리도 이슬람에 대해서 좀 더 알아야 할 필요성이 생겼다. 한국의 이슬람 문화와 현황에 대해서 알아본다.

한국 KOREA

한국에도 이슬람 문화가 있는 것이 신기했다. 언제 어떻게 우리나라에 이슬람이 소개되었고 왜 한국 사람들이 이슬람이란 독특한 종교를 선택하게 되었을까? 궁금증을 풀어 보기 위해 이제 이슬람 탐사대의 마지막 순서로 국토 여행을 떠나 본다.

서울 이태원에 이슬람 사원이 있다는 말을 듣고 맨 먼저 그곳에 가 보기로 했다. 전화를 하니 아민이란 이름을 가진 이맘이 친절하게 찾아오는 길을 알려 주었다. 그러면서 "앗쌀라무 알라이쿰"이라는 인사말을 빠뜨리지 않았다. 항상 평화를 기원하는 무슬림들의 모습을 이곳에서도 느낄 수 있었다. 모스크라 불리는 이슬람 사원에 가기 전에 우선 한국의 이슬람에 관한 자료를 찾고 공부를 하기로 했다.

교수님이 쓰신 《한 이슬람 교류사》라는 책이 큰 도움이 되었다. 그 책에 의하면 놀랍게도 이슬람 문화는 이미 신라 시대부터 우리나라에 소개되었고 무슬림들과 신라인들이 가깝게 지냈다고 한다. 정말 놀라웠다. 그래서 교수님과 인터뷰를 하기로 했다.

한국의 이슬람 역사

"교수님! 이슬람 문화 탐사를 마치고 우리나라의 이슬람에 대해 관심을 갖게 되었어요. 그런데 교수님의 책을 읽으면서 무슬림들이 신라와 접촉했다는 사실이 아무래도 잘 이해가 되지 않았어요. 1만 킬로미터 가까이 떨어져 있는 그 먼 거리를, 그들이 어떻게 신라까지 올 수 있었을까요? 도대체 목숨을 걸고 신라까지 온 이유가 무엇이었을까요?"

"민지가 이제 이슬람 전문가가 되었구나. 보통 사람들이 알지도 못하는 문제까지 공부하고 놀라운 질문을 하는 걸 보니. 우리가 인도네시아를 방문했을 때 이미 7세기부터 아랍, 페르시아 상인들이 무역을 하기 위해 동남아시아로 진출했다는 사실을 확인하지 않았니? 그들의 최종 목표지는 중국 동남부 항구도시인 광저우였단다. 광저우에 도착한 무슬림 상인들은 점차 활동 범위를 넓혀 취안저우, 푸저우, 양저우, 항저우 같은 해안가 도시로 진출했단다. 그들은 그곳에서 머물러 살면서 자치 공동체를 이루고 이슬람 문화와 종교를 유지하며 살았단다. 바로 그들 중 일부가 바로 바다 건너 저편에 있는 신라를 향해 무역을 하기 위해 항해를 해 왔다고 볼 수 있지."

"그런데 교수님! 충분히 그럴 수 있다는 생각은 들지만 구체적인 증거가 없잖아요."

"아주 당찬 녀석이구나. 확실한 증거가 있지도, 아주 없지도 않지."

"그런 대답이 어디 있어요? 있으면 있고 없으면 없는 거지. 괜히 자신 없으니까 그러시는 거지요?"

"9세기에서 16세기 사이에 기록되고 편찬된 아랍 학자 열일곱 명이 쓴 책 스무 권 남짓에 신라에 대한 기록이 남아 있단다. 그 기록들 중에 많은 학자들이 무슬림들이 신라로 갔던 사실을 적어놓았다. 금이 많고 살기 좋은 신라에 대한 아름다운 묘사는 물론, 신라에서 생산되는 주요 물품들을 소개하고 무슬림들이 신라에 와서 자기 나라로 돌아가지 않고 영원히 살았다는 기록을 남기고 있단다."

"정말 재미있네요. 그럼 처용무나 처용 설화의 주인공인 처용이 아랍 사람이라는 주장도 타당한 건가요?"

"구체적인 기록이 없어 딱 부러지게 '처용이 아랍 사람이다'라고 말할 수는 없지만, 삼국유사 등에 묘사된 처용의 모습이나 당시 시대적 상황을 본다면 서기 878년경 중국에서 일어난 '황소의 난'을 피해 신라로 피신한 무슬림 상인들일 가능성이 아주 높단다. 이미 9세기 말 중국의 동쪽과 남쪽 해안에는 수많은 무슬림들이 공동체를 이루며 살고 있었기 때문이지."

"아랍 역사책에 기록이 있다면 왜 우리나라에는 무슬림들이 왔다는 기록이 없나요?"

"경주에서 발굴된 유리 제품, 페르시아 은그릇, 카펫 제품, 흙 인형 같은 고분 속의 물품이나 삼국사기 같은 역사책에 묘사된 수입품 목록 등을 통해서도 무슬림 상인들이 신라까지 와서 장사를 했다는 추측이 가능하단다. 물론 구체적인 기록은 아랍보다 훨씬 늦은 11세기 초기에 비로소 고려사에 아랍 상인들을 '대식 상인'으로 표기하고 있단다."

"역사책에서 배운 기억이 나요. 그런데 대식이란 이름은 그들이 많이 먹기 때문에 붙여진 이름인가요?"

"대식이란 페르시아 말로 '타지르tajir' 즉 무역상을 뜻한단다. 아마 그들이 장사를 하려고 고려에 오면서 우리나라 사람들이 그들을 타지르라고 불렀던 것 같다. 물론 한자로 표시하면 대식大食이 되지만."

"그런데 고려 말경에 회회라고 불리는 무슬림들이 몽골 군대와 함께 고려로 왔다는 다큐멘터리를 본 적이 있어요. 그럼 회회라는 무슬림들은 대식하고는 다른 사람들인가요?"

"대식은 아랍을 의미하기 때문에 11세기 고려에 왔던 무슬림들과 고려 말에 회회라는 이름으로 고려에 왔던 사람들은 서로 다른 종족이야. 무슬림이라는 공통점이 있기는 하지만."

"왜 쌍화점인가 하는 고려 가사에 회회 아비라는 사람이 등장하지 않아요? 잘 기억은 안 나는데, '쌍화점에 쌍화 사러 갔더니 회회 아비 내 손목을 잡더이다. 이 소문이 상점 바깥에 나면 조그만 새끼 광대 네 짓이라 하리라……' 이런 식으로요."

"고려 말에 한반도로 왔던 회회인들은 아마 중앙아시아에 살던 위구르 계통의 종족이었을 거야. 왜냐하면 몽골군이 침략해 들어오는 13세기 말 고려 시대에는 이미 아랍 국가인 압바스 제국이 몽골군에 의해 멸망한 이후거든. 그래서 회회인들은 몽골군을 도와 새로운 실력자로 등장한 위구르인일 가능성이 아주 많단다. 이 위구르인들이 이슬람을 받아들이면서 이슬람교가 당시 중국에서 회교, 회회교로 불리게 되었단다."

"그들 회회인들은 그 후 어떻게 되었나요?"

"상당히 오랫동안 한반도에 머물러 살면서 우리 사회에 여러 가지 선진 기술을 전파해 주고, 새로운 문화를 알려 주는 역할을 했단다. 한때는 자기들끼리 마을을 이루고 살면서 모스크까지 짓고 살았다는 기록이 있을 정도지."

"아니, 고려 시대에 무슬림들이 한국에 모스크를 짓고 살았다고요! 믿기지 않는데요."

"한반도에 정착한 무슬림들은 조선이 건국한 이후까지도 우리 사회에 여러 가지 도움을 많이 주었단다. 조선의 세종대왕이 이룩한 여러 가지 과학 발명품과 천문학, 역법 등이 많은 부분 이슬람 문화의 영향을 받았다는 것이 최근 밝혀지고 있기 때문에 우리나라에 살고 있던 무슬림 집단들의 노력과 영향이 있지 않았는지 충분히 생각해 볼 수 있는 문제지."

한국의 이슬람 사원

교수님과 인터뷰를 마치고 서울 이태원에 있는 이슬람 사원을 찾았다. 지하철에서 내려 언덕으로 5분 정도 오르니 아랍 여행 중에 보았던 둥근 돔과 높은 첨탑을 가진 모스크의 모습이 나타났다. 너무 반갑고 신기했다.

서울 시내 한복판에 이런 낯선 모스크가 있다는 것이 믿어지지 않았다. 모스크로 오르는 길 주변에는 온통 무슬림들이 운영하는 식당과 슈퍼마켓, 책방과 의류 용품점으로 가득했다. 아랍어 간판만 보고 있으면 아랍의 어느 도시에 와 있는 착각이 들 정도였다. 드디어 채색 타일로 아름답게 장식된 정문을 통해 모스크 안으로 들어가 약속한 이맘을 만났다.

이태원 중앙 모스크에서 예배를 드리는 사람들

"앗쌀라무 알라이쿰! 저는 민지라고 합니다. 모스크가 참 멋지네요."

"와 알라이쿰 쌀람! 어서 오세요. 평화의 집에 오신 것을 환영합니다."

이곳에서도 인사를 평화로 시작하고 모든 것이 평화라는 단어로 연결되었다. 모스크 내부는 마침 금요일 오전이라 1시에 시작하는 합동 예배 준비로 분주했다. 주로 외국인 무슬림들이 자원봉사를 하면서 사무실에 오는 사람들을 친절하게 맞이하고 있었다.

"이 모스크는 언제 세워졌나요?"

"1976년에 아랍 국가들의 지원을 받아 건립되었지요. 벌써 34년이 되었네요. 그 후 모스크 내부의 아랍 글씨는 인도네시아, 아름다운 벽면 타일 장식은 터키, 바닥에 깔린 예배용 카펫은 사우디아라비아의 지원으로 꾸며진 것이랍니다. 금요일 예배 때 설교대로 쓰는 민바르는 모로코 국왕이 제작해 보내 주신 거랍니다. 이 모스크 자체가 바로 무슬림 형제애의 상징인 셈이지요."

"이곳이 중앙 모스크면 지방에도 있나요? 우리나라에 모스크가 몇 개쯤 되나요?"

"이곳 서울 말고도 부산, 경기도 광주, 전주, 대구, 안양, 안산, 대전, 제주 등지에 모스크가 있고, 큰 도시나 동네마다 예배를 드릴 수 있는 집이나 사무실이 한 70여 군데 마련되어 있어요."

"생각보다 많네요. 이슬람을 믿는 한국인 무슬림들이 있다는 사실이 놀라울 뿐인데 그렇게 많은 모스크가 있다니 잘 믿기지가 않아요."

한국의 무슬림

"한국인 무슬림들의 숫자는 얼마나 되나요? 여기 보이는 무슬림들은 주로 외국인이 많은 것 같은데요."

"한국인 무슬림 숫자는 약 4만 명 정도 되고, 외국인 무슬림들이 십만 명 가까이 돼요. 합해서 약 14만 명이 우리나라에 살고 있는 셈이지요. 그중 한 절반 정도가 서울이나 근교에 살고 있어요."

"그렇게 많은 무슬림들이 있으면 허용된 음식인 할랄이나 장례를 치른 후 이슬람 묘지, 그리고 꾸란 공부 같은 교육은 어떻게 하나요?"

"네, 민지 학생이 아주 관심이 많군요. 아시다시피 무슬림들은 이슬람식으로 도살된 신선한 고기만 먹어요. 이걸 할랄이라고 하지요. 국내에 있는 무슬림들을 위해 할랄 고기를 위한 정육점이 운영되고 있어요. 우리가 직접 이슬람식으로 도살을 하지요. 그리고 부족한 것은 호주나 뉴질랜드 같은 나라에서 무슬림들이 잡은 할랄 고기를 수입해 먹고 있어요. 요즘은 또 할랄 음식만 파는 무슬림 레스토랑도 많이 생겨 전에 비하면 음식 걱정이 많이 없어졌어요."

"무슬림들이 죽으면 묘지가 따로 있나요? 장례 의식이나 매장 방식이 다르다고 들었는데요."

"최근 무슬림 묘지를 확보해서 가난한 무슬림들이 죽으면 이곳을 이용하도록 한답니다. 이슬람식 장례는 24시간 이내에 빨리 매장하고 죽은 사람의 머리를 메카 방향으로 묻어 내세에서 하느님이 계신 메카로 돌아가게 한다는 의미를 담고 있지요. 자기 땅이 있는 사람은 묘지 방향이나 매장 방식만 지키면 굳이 이슬람 묘역이 아니라도 아무 문제가 없어요."

"무슬림 자녀들을 위한 꾸란이나 아랍어를 공부할 수 있는 길이 있나요?"

"바로 모스크 아래 이슬람 센터 건물에서 이슬람 학교를 운영하고 있습니다. 현재는 유치원생들을 대상으로만 이슬람 교육과 꾸란 교육을 하지만 곧 초등학교, 중학교도 만들 계획입니다."

"대단히 죄송한 질문입니다만, 한국 무슬림들이 엄격한 이슬람 율법을 다 지키고 있나요? 우리나라에서 하루 다섯 번 예배를 보거나 한 달간 단식, 술과 돼지고기의 금식 같은 것을 지키기는 너무 어려울 것 같은데요."

"물론 생활에 바쁘다 보면 제대로 지키지 못하는 경우도 많겠지요. 그러나 신앙인이라면 하느님의 말씀을 반드시 지키고 그렇게 노력하는 자세가 중요합니다."

무슬림과 우리의 관계

"이맘님, 정말 궁금한데요. 이슬람 문화가 우리나라 정서나 관습과 맞지 않을 때는 어떻게 하나요? 21세기에는 모든 것이 많이 바뀌었잖아요."

"아무리 세상이 바뀌어도 근본과 원칙은 바뀌지 않습니다. 꾸란의 가르침은 하느님의 말씀이고 현세뿐만 아니라 내세까지도 적용되는 우주의 법칙이기 때문입니다. 예를 들면 일부다처는 한국에서는 불법이니까 아무 문제가 없고 히잡도 자유롭게 쓸 수 있지요. 히잡을 쓰는 것이 불편하다면 꼭 히잡을 고집하지 않고 노출된 옷을 피한다면 종교 생활에는 별 문제가 없어요. 이슬람은 믿는 사람에게 고통을 주고자 함이 아니고, 가장 인간답게 살아가도록 인도해 주는 가르침을 담고 있는 종교입니다."

"예를 들어 우리나라에서는 명절 때 차례나 제사를 지내면서 술을 따르기도 하잖아요. 이슬람에서는 술이 금지되어 있는데 이런 건 어떻게 받아들이시나요?"

"그렇습니다. 한국의 제사는 조상께 절하고 술을 따르는 것이 문제인데, 원래는 차례라고 하여 조상께 차를 바쳤다고 하니 술 대신 차를 바치면 될 것 같고, 조상께 절하는 것은 하나의 인사법이라고 받아들이면 우상숭배하고는 다른 의미로 충분히 수용이 될 것 같아요. 물론 최종적인 판단은 한국 무슬림 공동체 전체가 판단할 문제이기는 하지만요."

"앞으로 다문화 사회가 진행되고 이주민 무슬림들이 늘어나면 테러 위협이나 사회 범죄들이 늘어날 것을 두려워하는 이야기도 있잖아요?"

"어느 사회든지 못된 사람들이 있지요. 다문화 사회가 된다고 특별히 무슬림 범죄나 테러가 늘어난다는 것은 그야말로 아무 근거도 없는 막연한 두려움이거나 만들어진 이미지라고 봅니다."

"그럼 한국 사람들이 무슬림들이나 외국인 이주민을 바라보는 태도는 어떠해야 된다고 생각하세요?"

"한국이 외국인 인력을 많이 필요로 하고, 또 그들이 한국을 택한 이상 기본적인 인권과 혜택은 나누어 주어야 된다고 생각해요. 특히 한국에서 결혼해서 아이를 낳고 한국 국민이 되었는데도 피부색이 다르고 말이 다르다는 이유만으로 차별하고 박해하는 일은 정말 잘못된 일이지요. 국민으로서 권리와 의무를 나누어야 하고 복지와 고통도 함께하는 정신이 필요합니다. 진정한 다문화 사회로 가려면 우리 모두 마음 다짐이 필요하지요."

진정 평화로운 다문화 사회를 위해

오늘날, 백만 명의 외국인 이주민들이 우리와 함께 살아가고 있다. 우리 학교에도 인도네시아, 필리핀, 우즈베키스탄 같은 나라에서 온 학생들이 함께 공부하고 있다. 교수님의 강의를 듣고 보니, 고대부터 우리는 외국인들과 함께 살아왔고 그들과 깊은 문화적 관계를 맺어 왔다는 사실을 새로 알게 되었다.

무엇보다 우리 문화라고 알고 있는 많은 것들이 이슬람 문화나 외국 문화의 영향을 받았다는 사실에 더욱 큰 흥미가 생겼다. 그래서 앞으로 이런 공부를 더 하고 싶었다. 교수님께 여쭈어 보았다.

"교수님 신라부터 계속된 우리나라와 이슬람 세계의 만남과 문화 교류가 정말 새롭고 흥미로운데요. 앞으로 이런 공부를 해 보고 싶어요. 새로운 역사적 사실을 밝힌다는 것이 얼마나 멋져요!"

"역사란 자료와 논리의 싸움이기 때문에, 새로운 자료를 찾고 이를 논리적으로 증명해 낸다면 지금까지의 내용은 사라지고 새로운 역사가 시작되는 거지. 민지는 충분히 해낼 수 있을 거야."

교수님의 설명을 듣고 나니 내가 가야 할 길이 정해지는 것 같았다. 너도나도 매달리는 분야가 아닌, 아무도 하지 않았던 길, 그렇지만 우리 사회에 꼭 필요하고 의미 있는 일이라면 그걸 해 보고 싶다. 그래서 교수님을 귀찮게 해 드리더라도 조언을 듣고 싶었다.

"교수님 제가 앞으로 중동이나 이슬람 세계를 공부한다면 어떤 가치가 있을까요?"

"'세상은 넓고 할 일은 많다' 라는 말처럼 지구촌 4분의 1에 해당되는 중동 이슬람 세계는 엄청난 일이 기다리고 있지. 이제는 남들이 하지 않고 버려 두었지만, 꼭 필요한 길을 찾아 승부를 걸고 보람을 찾는 일이 중요하다고 생각해. 그래서 나는 우리 학생들에게 생각을 바꿔 미국이나 유럽이 아닌 중동, 아프리카, 동남아시아, 라틴아메리카, 중앙아시아, 시베리아 같이 잘 알려지지 않은 황금 같은 분야를 공부하고 전문가가 되라고 권유를 많이 한단다."

나는 드디어 결심했다. 중동 이슬람 분야의 최고 전문가가 되겠다는 결심을 굳혔다. 앞으로 공부를 열심히 해서 대학에서 법을 공부한다면 이슬람 법을 전공할 것이다. 경영학과에 입학한다면 이슬람 금융을 공부해 보고 싶다. 건축과에 진학한다면 터키에서 보았던 화려한 모스크와 성 소피아 성당의 놀라운 건축술, 이집트에서 본 피라미드의 감동을 되살려 오스만 시대 건축을 공부할 것이다.

농업을 공부한다면 사막의 옥토화 작업에 꼭 필요한 새로운 종자의 개발과 농업기술을 전파해 주는 일을 해 보고 싶다. 나는 기독교인이지만 성서의 무대라 할 수 있는 중동 지역에서 성서고고학 분야를 공부해 보고 싶은 강한 욕구도 생긴다. 아마 터키 동쪽의 아라라트 산에서 노아의 방주를 찾아낼지도 모른다.

여성학을 공부하게 된다면 반드시 히잡의 진실을 파헤쳐 이슬람 여성 문제를 제대로 분석해 낼 것이다. 정치학을 공부한다면 그 못된 알 카에다와 미국이 벌이는 추잡한 테러 전쟁을 추적하고 전쟁이 아닌 평화의 해법을 찾아낼 것이다. 순니파와 시아파 같은 다양한 이슬람 종파와 그들 간의 관계와 믿음의 차이에도 관심이 많고 팔레스타인, 보스니아, 코소보, 체첸, 카슈미르, 필리핀 남부, 태국 파타니 지역 등 이슬람 세계 전역에서 일어나고 있는 분쟁의 실상과 원인에 대해서도 공부하고 싶다.

하루하루 빈둥거리면서 보냈는데 이슬람 문화 탐사를 마치면서 갑자기 할 일이 너무 많아졌다. 우선 학교 공부를 하면서 책을 틈틈이 읽고 어떤 분야가 중요한지, 내가 어떤 공부를 좋아하는지를 찾아야겠다. 그리고 친구들에게도 반드시 이슬람 문화 탐사를 다녀오라고 권해야겠다. 친구들아! 이슬람 문화 탐사 꼭 가기를 바란다!